Quand les Sourds nous font signe

Histoires de sourds

Données de catalogage avant publication (Canada)

Blais, Marguerite, 1950-

Quand les sourds nous font signe : histoires de sourds

Présenté à l'origine comme thèse (de maîtrise de l'auteur – Université du Québec à Montréal), 1998.
Comprend des réf. bibliogr.

ISBN 2-89436-099-1

1. Sourds - Québec (Province) - Biographies. 2. Surdité - Histoire. I. Desrosiers, Jules, 1956- . II. Titre.

HV2577.A3B52 2003 362.4'2'0922714 C2003-941410-8

Le signe sur la couverture du livre signifie «I love you» (je t'aime) en ASL (American Sign Language)

Mme Marguerite Blais versera tous ses droits d'auteur, découlant de la vente du présent ouvrage, au Centre Québécois de la Déficience Auditive.

Nous reconnaissons l'aide financière du gouvernement du Canada par l'entremise du Programme d'aide au développement de l'industrie de l'édition (PADIÉ) pour nos activités d'édition.

Nous remercions la Société de Développement des Entreprises Culturelles du Québec (SODEC) pour son appui à notre programme de publication.

Infographie :
Caron & Gosselin

Mise en pages :
Composition Monika, Québec

Éditeur :
Éditions Le Dauphin Blanc
C.P. 55, Loretteville, Qc, G2B 3W6
Tél. : (418) 845-4045 – Fax (418) 845-1933
Courriel : *dauphin@mediom.qc.ca*

ISBN 2-89436-099-1

Dépôt légal :
3e trimestre 2003
Bibliothèque nationale du Québec
Bibliothèque nationale du Canada

MARGUERITE BLAIS
Avec la collaboration de Jules Desrosiers

Quand les Sourds nous font signe

Histoires de sourds

Préface de Judi Richards

Le Dauphin Blanc

À mon père,
Égide Blais

Préface

Marguerite, je l'adore ! Elle a les idées claires, elle fonce sans avoir peur du travail et ne s'arrête pas avant d'avoir atteint son but. Elle déborde d'une énergie incroyable, et je suis bien placée pour vous le confier !

Dans le cœur de cette femme aux yeux étincelants et aux allures d'éternelle jeune fille, une forte volonté d'apprendre et une ardente passion de communiquer bouillonnent, inspirant ses pas et orientant sa destinée. C'est ainsi qu'elle fut amenée à découvrir l'univers des Sourds[1] après avoir accepté d'être porte-parole pour un organisme spécialisé en surdité et en communication.

Immédiatement, elle fut fascinée par l'univers qui se dévoilait à elle et par les gens qui y gravitaient. Sa notion de la « normalité » était à jamais bouleversée lorsqu'elle réalisa que pour un Sourd, ce sont les entendants qui sont différents !

Par la suite, elle s'est rapprochée sans cesse de l'univers des Sourds et a gagné leur respect, menant entre autres plusieurs

---

1. Voir le lexique à la fin de l'ouvrage.

projets visant à améliorer la qualité de vie des personnes sourdes ou siégeant sur différents comités. Est-ce par un de ces comités ou simplement en discutant sur un plateau de télévision que nous avons réalisé que nous partagions une même passion pour les Sourds ? Sincèrement je ne m'en souviens plus. Mais je sais que depuis plusieurs années, nous partageons cet amour pour les personnes sourdes, sans vraiment en savoir la raison précise. Il faut dire que nous sommes intéressées et que ces personnes sont extrêmement intéressantes.

Marguerite m'a toujours impressionnée par la profondeur de ses connaissances et la justesse des mots qu'elle utilise. En lisant son manuscrit, non seulement ai-je reconnu ces qualités mais je fus de plus touchée par son ouverture d'esprit, émue par les commentaires pertinents qu'elle insère à la fin de chacune des histoires.

À travers l'œuvre, on ressent toute l'admiration que Marguerite porte aux personnes sourdes, peu importe leur niveau de surdité. Elle témoigne de leur courage et de leur ténacité, elle souligne leur mérite et elle dévoile leurs réussites rendues encore plus impressionnantes par les nombreux obstacles qui s'y opposaient.

Les personnes que Marguerite vous fera connaître au fil des pages de son livre sont aimées et admirées de l'ensemble de la communauté sourde. Le récit de leurs parcours remarquables nous plonge dans un monde parallèle, inconnu et isolé, mais pourtant si étonnant et créatif.

Quand les Sourds nous font signe m'a insufflé le désir de m'approcher encore plus de mes amis sourds et de mieux les connaître. Si la lecture de cet ouvrage peut vous inspirer ce même désir, Marguerite aura réussi à rapprocher deux mondes qui lui tiennent à cœur.

Bonne lecture,

Judi Richards

Il est de ces histoires de sourds...

Chaque fois que je parle de ma passion pour les sourds, on me demande quel en fut l'élément déclencheur. À ce jour, je n'ai toujours aucune réponse précise à fournir, du moins pas de raisons qui plaisent particulièrement ou qui soient claires. Elles sont sans doute enfouies au plus profond de mon être et liées à la trame de ma propre identité. Sans avoir suivi de psychanalyse, je suis parfaitement consciente du fait que ma rencontre avec les sourds a changé ma vie. C'est en 1994 qu'Anne de La Durantaye et Sylvie Laverdière me révèlent l'univers des sourds. La première en m'offrant d'être porte-parole du 10e anniversaire de l'Institut Raymond-Dewar, la seconde en tant que responsable du centre de documentation de ce centre de réadaptation spécialisé en surdité et en communication. Plus tard, lors de mon premier rendez-vous avec Thierry Arnaud, un Sourd qui enseignait à l'époque la langue des signes québécoise (LSQ), je me suis sentie déstabilisée au point d'en perdre mes repères. Dès lors, je comprends que pour le reste de ma vie, il me faudra gérer mes déséquilibres.

Musicienne de formation et organiste formée au Conservatoire de musique de la province de Québec par Bernard

Lagacé, un des grands musiciens de notre époque, j'avais délaissé d'un coup de tête les tuyaux de cette voie céleste pour emprunter le chemin non moins difficile de la communication tous azimuts. De la chansonnette aux variétés, en passant par l'animation radiophonique, puis télévisée, j'ai flirté avec tous les domaines de l'image sans voir les années filer. Je me sentais bien, dans un état stable.

Puis un jour, je me lance tête première dans la restauration, y perdant ma chemise et celle de mon conjoint. Sans trop comprendre ce qui m'arrive, je prends mon courage à deux mains pour sortir ma tête de l'eau, puis reprends le collier, notamment à la télévision de Radio-Canada. C'est à cette époque que les gens de l'Institut Raymond-Dewar me font signe. Je n'ose accepter leur proposition, car je n'ai aucune affinité avec le monde des sourds, cet inconnu. Cependant, d'une suite de rencontres fortuites naîtra le désir d'entrer à l'université – un autre univers jamais exploré et que je crains – afin de réaliser le rêve de mon père. Mais j'ouvre une porte, celle d'un projet qui me va droit au cœur : faire connaître notre extraordinaire communauté sourde à tous ceux qui sont prêts à s'ouvrir pour accueillir de nouvelles manières de voir le monde qui les entoure. Celui des sourds me fascine, car tout au long de leur histoire, ils ont été opprimés, et de leur résistance est née la culture sourde. On veut souvent que les sourds deviennent des parlants et des entendants ; ils se révoltent et s'enferment, prisonniers de principes contraires à leur nature.

Cela dit, il ne faut pas perdre de vue qu'il existe une infinité de catégories de personnes sourdes. Des sourds profonds de naissance qui n'ont jamais entendu et qui ne comprennent pas pourquoi on s'acharne à les faire parler comme des perroquets ; d'autres, également nés avec une surdité profonde ou sévère, mais qui ont appris à parler et se sentent choyés de pouvoir communiquer par la parole. Certains sont nés de parents sourds et leur univers familial s'est construit autour du concept de la culture sourde et de la langue des signes – la majorité sont pourtant issus de parents entendants dont les perceptions ont chaviré : on doit faire le deuil de l'enfant parfait, on l'intègre au monde des entendants par les aides techniques, l'orthophonie, la lecture labiale ou l'implant cochléaire –. D'autres encore, sont devenus sourds après avoir fait l'acquisition du langage ; ils ont perdu un de leur sens et se sentent désorientés, déstabilisés, on leur a volé un bien précieux. Plusieurs sont étiquetés malentendants parce qu'ils se servent de la parole et de restes auditifs pour s'exprimer et communiquer. Il y a aussi les sourds-aveugles, les personnes atteintes d'acouphène, de surdité liée à la pollution par le bruit ou à la vieillesse. Je pourrais continuer la liste, mais j'arrête ici.

Personnellement, je suis émerveillée par la complexité du monde des sourds, dérangée de constater que les entendants, à l'heure de la mondialisation et de la communication, sont souvent ignorants de ce monde. Comment vivent les sourds dans cette société gavée d'informations, où la voix actionne les gadgets, où le théâtre et la musique leur sont inaccessibles ? Je vous entends penser : « À quoi bon, les sourds ne peuvent pas apprécier un concert »... Détrompez-vous, ils peuvent suivre les mouvements des musiciens, les archets courant sur les cordes des violons et violoncelles, les mailloches frappant les timbales et la baguette s'agiter dans un triangle ; ils peuvent sentir les vibrations, se construire un univers musical qui les transportera au ciel des émotions et de la création. Les sourds dansent en suivant les rythmes vibratoires, leur corps tout entier parle dans une souplesse proche de celle des petits rats de l'opéra. Ils s'expriment grâce à la poésie gestuelle, mettent en scène théâtre et humour Sourds, écrivent des livres qui traitent de leur condition de marginalisés en insistant sur le « pouvoir Sourd », organisent des voyages pour se rencontrer et se fréquenter ainsi que des championnats sportifs et des colloques internationaux.

Mon regard sur le monde s'est modifié. Ce contact m'a permis de redéfinir ma vie. Aujourd'hui, je rédige une thèse non sans risques et périls. Difficile lorsqu'on travaille à temps plein. Les fins de semaine entières sont consacrées à mes recherches, et mes proches en subissent les conséquences. Je m'intéresse plus particulièrement aux jeunes sourds fortement scolarisés qui peuvent devenir porteurs de changement social au sein des communautés sourde et entendante. Ma route est parsemée de sourds généreux, chaleureux et communicatifs qui n'attendent qu'un signe de la part des entendants pour franchir la rivière qui les en sépare. Un pont doit être érigé, et le monde du travail doit se transformer. Les sourds, au même titre que les entendants, ont le droit de prendre leur place dans la société. La carte de l'ouïe n'est peut-être pas de la partie, mais celle du visuel compense amplement, différemment.

En écrivant ces quelques lignes, j'ai saisi l'ampleur de mon admiration pour plusieurs sourds. En général, ils sont curieux de nature, ils ont une soif insatiable de savoir, de connaître. Souvent prisonniers de notre mode de communication, ils souffrent. Nous devons les accueillir. Faire disparaître cette résistance qui nous bloque lorsqu'on aperçoit un sourd qui signe : il nous renvoie à notre impuissance face à l'inconnu.

Devant un sourd qui parle, on oublie son handicap et pourtant, ce sourd parlant est admirable. Par sa créativité, il devine entre 40 et 60 % de ce que vous lui dites par la lecture labiale, mais il n'en reste pas moins sourd pour autant. Les sourds doivent continuellement se battre contre l'adversité : les lois qui ne sont pas conçues pour les protéger, les écoles qui ne sont pas organisées pour eux, le marché du travail qui les exclut. Le monde de la communication s'ouvre à eux avec Internet, mais encore faut-il qu'ils soient instruits et puissent communiquer dans une langue écrite. Combien de fois avons-nous pensé que les sourds étaient des idiots ? Lorsque je vois ces personnes qui accumulent les diplômes universitaires, entourées d'entendants, de professeurs qui discourent tout en se promenant ou en écrivant au tableau, croyez-moi, je les admire. Ils me font grandir, m'humanisent et me délivrent de ma prison où, de nombreuses années durant, je me suis sentie en constante représentation. Si un jour je devenais sourde, je n'aurais aucune peur, aucune crainte, car mes amis sourds seraient prêts à m'accueillir joyeusement, avec chaleur et tendresse.

Aussi, je profite de l'occasion pour remercier toutes les personnes sourdes que j'ai croisées sur mon chemin, et toutes les personnes entendantes qui aiment les sourds et qui travaillent à construire un monde meilleur avec et pour eux. Enfin, je remercie Jean-Pierre Desaulniers qui dirigea mon mémoire de maîtrise sur l'histoire de la culture sourde, Jacques Rhéaume, mon directeur de thèse doctorale, qui guide mes réflexions et mes recherches à l'égard des jeunes sourds fortement scolarisés, tous les deux professeurs à l'UQAM, Luc Ledoux qui me sert d'interprète lors des entrevues que je réalise avec les jeunes sourds gestuels dans le cadre de mes recherches universitaires et qui m'a accompagnée si habilement dans la révision de ce livre, Jules Desrosiers, Sourd activiste qui m'a fait confiance en acceptant de raconter sa vie et de livrer ses réflexions profondes, mon éditeur, Alain Williamson qui a accepté de me publier, Diane Fournier qui m'a fait croiser la route de mon éditeur, ainsi que toutes ces merveilleuses personnes qui m'ont confié leur histoire personnelle. Depuis, je ne suis plus jamais sortie de cet univers spatial qui est celui des sourds/Sourds.

Première partie

L'histoire des sourds ou la guerre entre deux méthodes éducatives

L'histoire des sourds ou la guerre entre deux méthodes éducatives

On dit encore, et à tort, sourd-muet. « Ceci montre avec quelle force la représentation du manque de parole orale s'associe à la déficience auditive en méconnaissant la réalité. C'est aussi ce manque qui suscite depuis longtemps des efforts, des passions et des luttes considérables pour le combler[2]. »

Pour comprendre les enjeux et les difficultés que vivent au quotidien nos concitoyens sourds, il est impératif de connaître leur histoire, car les problèmes existentiels auxquels ils font face ne datent pas d'hier. En jetant un regard sur l'histoire et en tentant une réflexion sociopolitique sur les habitudes des sourds de divers pays, nous serons plus à même de saisir l'importance et l'urgence des revendications des Sourds de la communauté québécoise. En ce XXIe siècle, le dialogue entre les Sourds et les entendants doit s'établir.

---

2. Dr Rebourg, François, Intervention au Congrès sur l'éthique, CEDEP, octobre 1991.

Les premières écoles

Même si les langues gestuelles ne sont prises en considération par les linguistes que depuis quelques années, elles sont citées dans la littérature depuis l'Antiquité. Certains auteurs mentionnent l'existence des sourds qui communiquaient par gestes. Platon, Saint Augustin, Rabelais ou Montaigne y font référence. Ils reconnaissaient aux gestes des sourds la valeur d'un langage signifiant et conventionnel. Parallèlement, il est également fait mention de sourds éduqués en langue orale[3] ou par l'écriture[4].

C'est ainsi que Pedro Ponce de León, un moine bénédictin espagnol, entreprit au XVIe siècle d'instruire une douzaine d'enfants sourds. Il leur enseigna la parole et l'écriture en utilisant un alphabet manuel, dactylologique[5], qui est encore utilisé de nos jours. Ponce, qui n'était pas contre les signes, avait enseigné à parler aux sourds de la noblesse afin de contourner une loi qui privait les enfants de leurs droits et la famille de ses biens si sa progéniture ne savait pas parler. En ces temps-là, un muet n'était pas une personne aux yeux de la loi, et si la fortune et le titre de noblesse étaient transmis en vertu du droit d'aînesse à un enfant sourd-muet, la famille était déshéritée.

Au XVIIe siècle, la méthode oraliste de Pedro Ponce de León se répand et est développée quelques décennies plus tard par Juan Pablo Bonet, philologue et soldat au service du

3. Voir le lexique à la fin de l'ouvrage.
4. Bernard, A. (1995). *Recherche autour d'un dialogue de sourds : étude et analyse du conflit des représentations que se font les professionnels au sujet des enfants sourds*, Paris, Université Paris VII, p. 43.
5. Voir le lexique à la fin de l'ouvrage.

connétable de Castille, Bernardino de Velasco. Bonet s'intéresse à l'éducation de Luis, frère sourd du connétable et rédige même un traité de phonétique et d'articulation pour enseigner la parole aux sourds-muets.

Dans les pays de langues germanique et anglaise, l'oralisme[6] prend aussi de la puissance. Johann Conrad Amman, en Hollande, et John Wallis, en Angleterre, travaillent avec des sourds d'après la méthode de Bonet, et Amman va même jusqu'à prétendre que « Le souffle de la vie réside dans la voix, à travers laquelle se transmet l'illumination [...]. La voix est l'interprète de nos cœurs et exprime ses affectations et désirs [...] La voix est une émanation vivante de l'esprit que Dieu a insufflé en l'homme lorsqu'il en a fait une âme incarnée[7] ».

Le début du conflit entre oralistes et gestuels

Au XVIIIe siècle, l'histoire de l'éducation des sourds va connaître un essor et un développement plus structurés. Si le Prussien Samuel Heinicke et l'Écossais Thomas Braidwood utilisent toujours la méthode de Bonet et que les oralistes de ces pays s'emparent du monopole de l'instruction des sourds, il n'en va pas de même ailleurs. En particulier en France, où l'on trouve des défenseurs de la langue gestuelle. À cette époque, on assiste à une confrontation entre deux méthodes éducatives, l'une prônant le recours à la langue orale et l'autre, à la langue gestuelle.

6. Voir le lexique à la fin de l'ouvrage.

7. Lane, H. (1991). *Quand l'esprit entend. Histoire des sourds-muets*, Paris, Opus Sciences humaines, Odile Jacob, p. 128.

Contrairement aux autres pays d'Europe, tous tenants de l'oralisme, la France fait bande à part avec, pour chef de file, Charles Michel de l'Épée (1712-1789), qui abandonne sa carrière de juriste pour entrer en religion. La mère de jumelles sourdes lui confie alors l'instruction de ses filles. L'abbé n'a aucune idée des méthodes oralistes employées à l'époque, pas plus qu'il ne connaît Jacob Rodrigues Pereire, un instituteur parisien qui enseigne aussi le langage parlé aux sourds. De l'Épée va alors développer une méthode d'enseignement où les gestes lui paraissent le moyen le plus rapide et le plus efficace pour instruire les sourds. Il désire que les enfants, quelle que soit leur condition sociale, apprennent à penser avec ordre et à combiner leurs idées.

Vers 1760, il fonde la première école publique qui associe le langage gestuel à la grammaire signée française. L'élève apprend d'abord l'alphabet dactylologique, puis on lui enseigne l'écriture des lettres et, pour les verbes, leur conjugaison écrite. Pour lui inculquer quelques termes, de l'Épée montrait une vingtaine de parties du corps auxquelles le nom correspondant était écrit sur un carton. L'élève apprenait à épeler ces mots à l'aide de lettres découpées dans du papier. Enfin, on l'initiait aux signes méthodiques[8], l'équivalent des mots français. Avec le personnel et les moyens financiers dont il disposait, De l'Épée enseigna à parler aux élèves sourds. Cependant, grâce à ces études, lorsque les élèves quittaient l'institution, ils avaient un métier et possédaient un statut social supérieur à la moyenne des Français.

Contemporain de l'abbé de l'Épée, Jacob Rodrigues Pereire (1715-1780) s'intéresse à l'éducation des sourds, mais

8. Voir le lexique à la fin de l'ouvrage.

il utilise un alphabet dactylologique qu'il modifie et fait aussi appel au toucher du cou et du thorax. Par ailleurs, il met au point un cornet acoustique et cherche à valoriser le plus possible les restes auditifs chez les ex-entendants.

Partisan de l'oralisme, Pereire améliore la méthode de Bonet, considérant que seule la langue orale permet l'assimilation des sourds dans le monde des entendants. Cependant, Pereire se servait des signes comme soutien pour inculquer la parole aux sourds et leur expliquer les mots. Mais contrairement à l'abbé de l'Épée, qui exposa et divulgua sa méthode d'enseignement, Pereire garda secrètes ses techniques pédagogiques et n'accueillit que des élèves qui puissent payer ses cours. Avec le temps, Pereire choisira ses élèves en fonction de leur perte auditive afin qu'ils arrivent à reproduire plus facilement les sons.

La rivalité entre le gestuel de l'Épée et l'oraliste Pereire remonte presque à l'ouverture de l'école fondée par l'abbé et a pour origine Saboureux de Fontenay. Ce sourd de naissance apprit, enfant, la langue des signes, avec le père Vanin[9], avant de devenir le plus brillant élève de Pereire. Dans son autobiographie, Saboureux de Fontenay attaqua l'enseignement gestuel et par-là même de l'Épée, sans le connaître. Il affirma que les élèves éduqués selon cette méthode ne faisaient que mémoriser les signes correspondant à chaque mot et terminaison, ce qui veut dire qu'ils signaient ou écrivaient des phrases comme un animal dressé, sans les comprendre. Saboureux ne faisait pas la différence entre la langue des signes, qui n'utilise qu'un seul

9. Vanin était un prédécesseur de l'abbé de l'Épée dans l'emploi de la langue des signes.

code, et le français manuel de l'abbé de l'Épée, qui travaille sur deux codes en même temps, soit les signes et leur application au français. L'abbé ressentit cette attaque comme une offense et il invita Pereire à visiter son école pour constater l'injustice dont il était victime. Pereire produisit alors une lettre que de l'Épée commença à traduire en français manuel tandis qu'un élève sourd transcrivait soigneusement ces signes par écrit. Stupéfait, Pereire s'écria à l'adresse de l'abbé : « En voilà assez, Monsieur, je ne l'aurais jamais cru. Vous avez autant de signes que les Chinois ont de caractères[10] ? ».

Le premier livre de l'abbé de l'Épée fut publié en 1776, notamment pour réfuter ces affirmations. La première partie de l'ouvrage était consacrée à un exposé positif de sa méthode et la seconde à une attaque contre Pereire, l'enseignement de la parole et la dactylologie. Le grand démutisateur[11], isolé et mourant, sortit vaincu de ces hostilités, d'autant que le roi Louis XVI accorda sa protection ainsi qu'une aide financière à l'école de son rival. Harlan Lane explique le désir de Pereire de faire parler les sourds par son appartenance à une minorité, juive hispano-portugaise, obligée de se cacher pour échapper aux persécutions qu'elle subissait de l'autre côté des Pyrénées. De la même manière que Pereire dissimulait son origine culturelle, il désirait occulter la surdité, car« À l'instar de ses parents et grands-parents, Pereire apprit un mode de survie : il est douloureux et dangereux d'appartenir à une minorité, alors il faut essayer d'être comme la majorité[12] ».

10. *Ibidem*, p. 126.

11. Voir le lexique à la fin de l'ouvrage.

12. *Ibidem*, p. 94.

De nos jours encore, dans cet affrontement entre oralistes et gestuels, l'idée reste fréquente que l'aspect iconique des signes suppose un accrochage au concret ainsi qu'une impossibilité d'exprimer et de représenter des idées abstraites. Cette vision est le fait de personnes qui ne connaissent pas les signes et, en tant qu'argumentation, elle relève plutôt d'un *a priori*, construit sur des données subjectives, que sur une expérience objective. C'est toujours un des arguments traditionnels des défenseurs de l'oralisme.

En fait, dès le XVIIIe siècle et jusqu'à une époque encore récente, ce ne sont pas tant deux types d'enseignement que deux visions du monde qui vont s'opposer. Ce qui se cache derrière ces deux méthodes éducatives relève essentiellement d'une question d'origine sociale. Les riches, les gens de la classe aisée ou de la noblesse, ont accès au savoir et, de ce fait, convoitent un précepteur qui saura faire parler le sourd, même à grands frais, tandis que les signes s'adressent à toutes les classes et en particulier aux pauvres et aux laissés-pour-compte de la société. C'est plus une bataille de société qu'un choix entre deux types d'enseignement. De l'Épée, sans être contre l'enseignement oral, estime qu'il est capital de donner aux sourds un moyen de communication et d'apprentissage rapide. C'est d'ailleurs la raison pour laquelle sa méthode se transmet très vite à travers l'Europe. Entre 1755 et 1789, 21 écoles ayant pour précepte la démarche de l'abbé de l'Épée s'ouvriront en France et en Europe[13]. Si les deux mouvements pédagogiques ne cessent d'être présents ni de s'opposer, et que les oralistes dominent le terrain, il n'en demeure pas moins qu'une des

13. Bernard, A., p. 57 et Sacks, O. (1992). *Des yeux pour entendre*, voyage au pays des sourds, Paris, Seuil, p. 39.

questions centrales du Siècle des lumières fut : « Qu'est-ce qui fait que nous sommes humains ? ». L'une des réponses communément acceptées était, depuis Aristote, puis avec Descartes, le langage. Les enfants sourds et les enfants sauvages jetaient cependant une ombre au tableau de l'humanité, car on pensait que les sourds n'avaient pas de langue et que les enfants sauvages étaient immanquablement muets. Pereire montra à ses contemporains qu'on pouvait « faire parler » les sourds et donc leur donner droit de cité dans la famille humaine. Rien d'étonnant à ce que l'Académie des sciences ait prôné la diffusion des méthodes de Pereire.

Dérive et réparation

En 1790, Sicard succède à l'abbé de l'Épée à la direction de l'Institution nationale des sourds-muets. Élitiste, il s'occupe essentiellement de deux élèves, dont Laurent Clerc qui deviendra le chef de file intellectuel des communautés sourdes française puis américaine. Durant son mandat, Sicard étend le rayonnement de l'Institution, mais complexifie aussi le système des signes méthodiques.

C'est grâce à un entendant, Roch-Ambroise Bébian, que les sourds retrouveront un code simple. Filleul de l'abbé Sicard né en Guadeloupe, Bébian rédige, en 1825, un manuel des règles de la langue des signes française avec leur description[14]. Il était éberlué de constater que les linguistes français étaient prêts à créer des alphabets pour les langues orales d'Afrique, mais pas pour une langue utilisée par leurs compatriotes. C'est

14. Lane, H., p. 151 et 445.

sa persévérance qui contribua grandement à rejeter l'enseignement des signes méthodiques.

À la même époque, sous l'influence du Dr Jean-Marc Itard, la surdité est pour la première fois envisagée sous l'angle de la maladie. C'est par hasard – ayant été appelé à soigner une personne qui s'était blessée dans l'escalier de l'Institut – qu'Itard est nommé médecin en chef de l'institution que dirige l'abbé Sicard.

Le nom d'Itard est attaché à celui de Victor, l'enfant sauvage de l'Aveyron, recueilli par des paysans en 1800, puis placé à l'Institution. Pendant cinq ans, le médecin travailla avec Victor, mais obtenant peu de succès avec lui, Itard commença à s'intéresser aux sourds dans l'espoir d'améliorer leur audition. Il se livra à une foule d'expériences sur ces enfants (décharges électriques dans les oreilles, sangsues, perforation des tympans, etc.), mais sans résultat. Itard acquit néanmoins une renommée internationale en matière d'otologie[15]. La surdité étant pour lui une maladie, il était persuadé que pour faire parler les sourds, il fallait supprimer les gestes dans l'enseignement et dans la communication interpersonnelle. En 1821, Jean-Marc Itard devint chef de file de la nouvelle campagne oraliste au moment de la publication de son *Traité*.[16] Cependant, vers la fin de sa vie, il changea d'idée, estimant que les signes étaient l'unique moyen d'accéder à la communication fluide, facile et continue entre maître et élèves. Il finira par accepter que l'enseignement de la parole ne soit pas destiné aux sourds-muets, mais aux demi-sourds-muets ou devenus sourds.

15. Voir le lexique à la fin de l'ouvrage.

16. *Ibidem*, p. 182.

L'Amérique en proie à la guerre

Au début du XIXe siècle, aucune école pour sourds n'existe aux États-Unis. Seuls les enfants de familles riches peuvent se rendre en Europe pour être instruits.

C'est Thomas Hopkins Gallaudet qui, le premier[17], va réellement agir pour les sourds outre-Atlantique. Il est le voisin de Mason Cogswell, un éminent chirurgien de la Nouvelle-Angleterre, dont la fille Alice est devenue sourde à l'âge de deux ans, à la suite d'une méningite. Gallaudet, qui étudie en théologie, s'intéresse à Alice, souvent seule dans son coin et délaissée de tous. Il la perçoit non pas comme une handicapée, mais comme une enfant en bonne santé qui a simplement besoin d'un nouveau langage pour communiquer. Il lui enseigne l'orthographe et, comme il est doué pour la pantomime, il invente un code pour entrer en relation avec elle. Saisi d'une passion dévorante pour les Sourds, il décide d'aller à Édimbourg afin d'étudier la méthode oraliste anglo-saxonne de la famille Braidwood, mais celle-ci refuse de lui transmettre ses secrets. Gallaudet se rend alors à l'Institut créé à Paris par de l'Épée et obtient la formation nécessaire pour enseigner la communication gestuelle. De retour en Amérique en compagnie de Laurent Clerc, sourd français formé par Sicard, il fonde en 1817, à Hartford, dans le Connecticut, la première école pour sourds : le Connecticut Asylum for the Education and Instruction of Deaf and Dumb Persons.

17. Mentionnons tout de même la présence de John Braidwood qui éduque quelques élèves sourds en Amérique, mais il meurt rongé par l'alcool. Il était un des membres de la famille de Thomas Braidwood à l'origine de la création de nombreuses écoles oralistes dans les îles britanniques.

Laurent Clerc professe les signes méthodiques[18], des signes inventés qui correspondent aux mots de la langue parlée et doivent être utilisés dans l'ordre des mots anglais. Pour sa part, Gallaudet préconise la localisation dans l'espace pour indiquer les relations grammaticales. C'est après l'introduction du vocabulaire de la langue des signes française (LSF) dans la langue des sourds américains, sous l'égide de Laurent Clerc et Thomas H. Gallaudet, que naît vers 1830 la nouvelle langue des signes américaine. C'est surtout par la présence de signes d'origine américaine dans son vocabulaire que cette langue se démarque rapidement de la LSF[19]. Des antennes de l'école d'Hartford s'implantent sur la côte Est et, au Québec, Ronald MacDonald fonde la première école pour sourds, tandis qu'Édouard Huet importe la langue des signes française au Brésil et au Mexique.

Après la mort de Thomas H. Gallaudet, les membres de la première organisation de sourds d'Amérique se réunissent en mars 1854 sous le vocable de la New England Gallaudet Association, tandis que son fils, Edward Miner Gallaudet, qui terminait ses études au Trinity College, rêve d'une université pour sourds. En 1857, il dirige l'école de Washington où l'on éduque des sourds-muets et des aveugles. En 1864, malgré la guerre civile, le Congrès autorise la fondation d'une université nationale pour sourds-muets, ouvrant ainsi les portes de l'instruction supérieure aux sourds. Edward M. Gallaudet poursuit l'œuvre de son père mais en combinant l'articulation à l'enseignement gestuel[20]. Cependant, de fortes pressions pour faire

18. Après la réforme de Bébian, les signes méthodiques sont abandonnés. *Ibidem*, p. 256.

19. Desrosiers, J. dans Dubuisson, C. et Nadeau, M. (1993). *Étude sur la Langue des Signes Québécoise*, Montréal, Presses de l'Université de Montréal, p. 155.

20. Lane, H., p. 301-302.

parler les sourds sont exercées par quelques personnages influents, dont Alexander Graham Bell, auprès des congressistes.

Comme en France, une bataille entre oralistes et tenants des signes s'engage. Qui plus est, elle est renforcée par les événements qui secouent le pays. Le protectionnisme y est de mise et lorsque les questions linguistiques se retrouvent au cœur des débats politiques, l'anglais fait office de dénominateur commun et de fil conducteur à l'assimilation des immigrants. L'homogénéité du peuple devant favoriser une nation stable et forte, les sourds ne peuvent pas rester à l'écart de la société et doivent donc apprendre la langue de la majorité. De ce fait, Edward M. Gallaudet rencontre beaucoup d'opposition aux signes, notamment de la part d'Alexander Graham Bell, père du téléphone et fervent défenseur de l'oralisme pur.

Les adversaires de Bell

Si Laurent Clerc joua un rôle central dans l'expansion des signes aux États-Unis, Alexander Graham Bell fut le principal instigateur de leur désagrégation. Bell essaya d'interdire la langue des signes, de disperser les sourds, de les dissuader d'avoir des rapports sociaux, de s'organiser, de publier des journaux silencieux[21] et de se marier entre eux.

Alors que Clerc voyait une force dans la diversité humaine, Bell y percevait une déviance. Pour Clerc, la surdité n'était essentiellement qu'un handicap social, tandis qu'elle

21. Voir le lexique à la fin de l'ouvrage.

était une infirmité physique pour Bell. Prônant l'unité nationale, Bell s'opposait aux langues de toutes les minorités.

Élevé par une mère malentendante, qui lui enseigna le piano en posant un cornet acoustique sur la table d'harmonie, l'inventeur du téléphone épousa la fille de Gardiner Green Hubbard, fervent défenseur de l'oralisme. Née entendante, sa riche épouse avait perdu l'ouïe au cours de son enfance et ne voulait pas être associée aux sourds gestuels. Belle, intelligente et instruite, elle devint rapidement le symbole de l'oralisme. L'intérêt de Bell pour la voix était si profond et constant depuis son enfance que son invention du téléphone semble en être l'aboutissement logique et presque nécessaire.

S'il est détesté des sourds, c'est à cause de ses idées eugénistes développées dans *Mémoire sur la formation d'une variété sourde de la race humaine* où il affirme qu'il existe un grand risque pour la société de voir le nombre de sourds s'étendre. Pour enrayer cette menace, il préconise des mesures préventives, notamment la fermeture des internats spécialisés afin de diminuer les possibilités de rencontres et de mariages entre sourds. Il suggère aussi de légiférer sur les conditions de mariage des personnes sourdes ou ayant des sourds dans leur famille et sur la stérilisation des personnes nées sourdes. Oliver Sacks[22] note pourtant que Bell signait parfaitement et que son intérêt pour la surdité relevait d'une obsession violente et conflictuelle. Avec son épouse, Bell entreprit une vaste campagne contre les pensionnats pour sourds et créa l'Association to Promote the Teaching of Speech to the Deaf.

22. Sacks, O., p. 51.

Les congrès et leurs conséquences

Dans le dernier quart du XIXe siècle, l'oralisme va bouter hors des écoles les tenants de l'enseignement gestuel et s'étendre sur toute l'Amérique et l'Europe, même en France restée partagée entre les deux méthodes.

Face aux disciples de l'abbé de l'Épée qui préféraient les signes, les descendants de Pereire créèrent une association pour diffuser la méthode orale et plusieurs écoles privées afin d'offrir un autre choix que les écoles nationales dans lesquelles les classes sociales peu aisées et la langue des signes prédominaient. Eugène Pereire, petit-fils de Jacob Rodrigues, sera aussi l'initiateur d'une série de congrès organisés en Europe.

Un premier congrès réunit à Lyon, en 1878, une poignée d'hommes d'affaires et d'instituteurs pour sourds qui s'affichent en faveur de l'éducation des sourds par la méthode oraliste. Cette conférence affirma l'importance de l'utilisation des signes dans l'enseignement, mais la méthode orale devait également jouir d'une large place au sein de l'éducation et mener au même but. On avança aussi la légitimité de la méthode allemande qui consistait à faire une sélection à l'entrée des classes oralistes. Les Italiens, également convertis à l'oralisme, proposèrent d'accueillir, deux ans plus tard, les congressistes à Milan.

Au congrès de Milan, où l'on devait évaluer les différentes méthodes d'enseignement, les organisateurs étaient presque tous favorables à l'oralisme, ce qui éclipsa vite tout débat et écarta les défenseurs des signes. Tous votèrent donc une résolution qui encourageait la langue orale dominante et condamnait la langue des signes dans tous les pays. Seuls quelques

Américains, tels Edward M. Gallaudet, plaidèrent pour un système mixte. Certes, la parole est importante, mais « aucun sourd, dira M. Gallaudet, n'échangerait sa place pour celle d'un sauvage ou d'un délaissé parlant[23] ». Sur les 164 délégués à ce congrès, James Denison[24] était un des seuls délégués sourds. Par ailleurs, à peu près à la même époque, à Cincinnati, aux États-Unis, une conférence regroupa des sourds de 21 États. Elle était organisée afin d'améliorer le sort des sourds, mais sa conception était fort différente. Les participants décidèrent de former une association permanente de sourds, et Robert M. McGregor, directeur sourd de l'école de l'Ohio, en fut élu président. Il affirma que : « La méthode orale est utile à *quelques-uns* : le système mixte est utile à *tous* les sourds. [...] Toute personne qui défend la méthode orale comme méthode exclusive est leur ennemi[25]. »

Les résolutions votées à Milan admirent l'incontestable supériorité de la parole sur les signes, et des consignes strictes furent données pour que l'enseignement soit dispensé uniquement par la méthode orale. Les gestes étaient interdits et les professeurs sourds évincés des écoles. Leur nombre passera de 50 %, en 1850, à 25 % à la fin du XIXe siècle, pour finalement aboutir à 12 % en 1960[26]. Des congrès internationaux de Sourds furent lancés en réaction à l'interdiction de leur langue décrétée par les entendants à Milan. Le premier se tint à Paris, en 1889, et regroupa environ 150 délégués, dont

23. Lane H., (1991), p. 381.

24. Lane, H., Hoffmeister, R., Bahan, B. (1996). *A journey into the Deaf-World*, San Diego, Dawn Sign Press, p. 161.

25. Lane, H., (1991), p. 385.

26. Sacks, O., p. 52.

Edward M. Gallaudet. Quatre ans plus tard, à Chicago, le deuxième congrès international rassembla près de 1000 sourds. Lors du banquet d'ouverture, Edward M. Gallaudet s'adressa aux participants dans un discours signé en décrivant la puissance de leurs organisations. Il qualifia de désastreuse pour l'éducation la propagation de l'oralisme, expliqua que l'oralisme l'avait emporté en Italie et en France à cause de « moyens accidentels » et que la majorité des parents semblait préférer que leurs enfants ne parlent pas parfaitement, plutôt que de les voir acquérir un bagage intellectuel. Les congrès de Chicago puis de Genève (1896) se prononcèrent pour un système mixte.

Aux États-Unis, en dépit de l'expansion des écoles oralistes et des batailles acharnées entre Bell et Gallaudet, certains Sourds continuèrent à se battre afin de préserver leur langue. Les journaux silencieux et les congrès internationaux des sourds, malgré les nombreux obstacles dressés par des oralistes, cimentèrent leur conviction de communiquer dans leur langue naturelle[27] et de présider à leur propre destinée. Ce n'est qu'en 1960 qu'on commença à se poser de sérieuses questions.

Le réveil des années 60

En 1960, William Stokœ, le père de la linguistique des langues signées, professeur d'anglais au Gallaudet College, publie une monographie intitulée *Sign Language Structure*. Il y clame haut et fort que la langue des signes américaine (ASL) possède une structure analogue en richesse et en complexité à

27. Voir le lexique à la fin de l'ouvrage.

une langue parlée et qu'elle est totalement indépendante de cette dernière. Il est ridiculisé pour cette prise de position, autant par des collègues sourds qu'entendants, mais il persiste dans ses travaux et publie, en 1965, le premier dictionnaire d'une langue de signes, *A Dictionary of American Sign Language*, basé sur des principes linguistiques.

Ses recherches pavent la voie à de nouvelles études linguistiques et favorisent la formation d'un mouvement pour le rétablissement de l'enseignement des langues signées dans les écoles. Sourds et entendants mettent au point une stratégie éducative différente, la communication totale[28], qui, en théorie, utilise tous les moyens existants pour enseigner et communiquer avec les enfants sourds. Des outils seront alors élaborés pour enseigner l'anglais comme langue première aux enfants sourds[29].

L'ASL, la langue naturelle des Sourds américains, est rarement employée pour enseigner en classe, sauf si le professeur est lui-même Sourd. Dans les faits, on utilise un système de signes méthodiques semblable à celui confectionné par Sicard et tant décrié par Bébian. Encore une fois, l'histoire semble se répéter. Malgré la publication du dictionnaire de Stokœ, l'anglais est encore enseigné comme langue première aux enfants sourds pendant deux décennies. Mais on l'accompagne du système de signes méthodiques, c'est-à-dire de signes qui sont en fait une copie de l'anglais, comme support de renforcement pour l'apprentissage de l'anglais.

28. Voir le lexique à la fin de l'ouvrage.

29. *Signing essential English* par Anthony en 1971 ; *Signing exact English* par Gustason, Pfetzing et Zawolkow, en 1972 ; et *Signed English* par Bornstein en 1975.

En 1974, lors de l'assemblée annuelle de l'American Anthropological Association, Stokœ organise le premier symposium sur les langues des signes et la communauté sourde. Très peu de spécialistes y assistent, car l'idée même des Sourds en tant que groupe linguistique et culturel est, semble-t-il, trop nouvelle pour susciter l'intérêt des chercheurs en sciences humaines. Durant la période de popularité naissante de la méthode d'enseignement *total communication*, dans les années 70, quelques linguistes, éducateurs Sourds et entendants des États-Unis, de France, de Suède et du Danemark commencent à se battre et à argumenter afin que l'éducation des enfants sourds dans les écoles se fasse sur le mode de l'éducation bilingue. Plus encore, ils plaident pour qu'il y ait davantage de professeurs Sourds, non seulement pour enseigner mais aussi pour servir de modèles identitaires aux enfants sourds.

La reconnaissance suédoise

Une étape importante est franchie en 1981, lorsque la Suède devient le premier pays à reconnaître la langue des signes de Suède comme première langue d'usage des Sourds suédois.

Dans les années 70, l'Association nationale des Sourds de Suède était favorable au suédois signé, copie de la langue orale, pour enseigner aux enfants sourds et aux entendants. C'était l'unique méthode d'enseignement offerte à travers le pays. Des interprètes étaient formés en suédois signé, les parents entendants apprenaient cette pseudo-langue pour communiquer avec leurs enfants. Mais les Sourds avaient d'énormes difficultés à utiliser correctement le suédois signé, qui était un miroir de la langue orale. Quant aux entendants, ils ne savaient pas qu'il existait une langue des signes de Suède, utilisée par les Sourds entre eux. Même les Sourds, durant cette période, s'excusaient de signer de façon assez gauche et de méconnaître leur langue... Malgré les recherches linguistiques entreprises en langues de signes naturelles, l'Association nationale des Sourds de Suède reconnut finalement qu'elle faisait fausse route avec le suédois signé comme méthode d'enseignement. Avec l'aide de Lars Kruth[30], une des figures dominantes de la culture sourde ayant obtenu un doctorat *honoris causa* de l'université de Stockholm, l'association réussit à convaincre les membres du gouvernement du bien-fondé d'une langue naturelle comme première langue d'usage et de communication pour les Sourds de leur pays. En 1981, le gouvernement suédois admit que les sourds profonds formaient une communauté linguistique et culturelle différente de la communauté entendante. Le bilinguisme[31] pour les Sourds était voté en chambre et la langue des signes de Suède reconnue comme langue officielle de cette population, tandis que le suédois serait leur langue seconde.

L'échec américain

Dans les années 70, tandis qu'un groupe se débat pour la reconnaissance d'une langue naturelle comme langue première d'enseignement pour les Sourds américains, un fort courant se

30. Bergman, B. (1994). « The Study of Sign Language in Society : Part One », dans C. J. Erting, R.C. Johnson, D.L. Smith et B.D. Snider (sous la dir. de), *The Deaf Way : Perspectives from the International Conference on Deaf Culture*, Washington, D.C., Gallaudet University Press, p. 317.)

31. Voir le lexique à la fin de l'ouvrage.

dessine en faveur de l'intégration des personnes handicapées dans la société et des enfants handicapés dans les écoles publiques. Les sourds ayant toujours été perçus comme des handicapés, sous l'angle de la réparation et de la normalisation, ce mouvement d'intégration balaie complètement l'idée même d'un groupe linguistique et culturel différent. Le Congrès des États-Unis adopte, en 1975, la loi 94-142 qui garantit à tous les enfants handicapés un droit égal d'accès à l'éducation. Les institutions spécialisées sont abolies et tous les enfants handicapés intègrent les écoles publiques. Les sourds reçoivent une aide personnalisée en classe pendant quelques heures qui, malheureusement, se traduit par un manque de contact avec leurs pairs Sourds et modèles Sourds adultes et une méconnaissance flagrante de l'ASL. Mais le plus grave est qu'aucune amélioration significative des connaissances scolaires n'est constatée.

À la fin des années 70 et durant les années 80, un mouvement similaire voit le jour en Europe et au Canada. Cette évolution suit la courbe de la normalisation pour tous les enfants handicapés, quel que soit le handicap.

L'oralisme et la suppression des signes ont entraîné une dégradation de l'alphabétisation des sourds en général. Une enquête, menée en 1972 par le Gallaudet College, a montré qu'aux États-Unis les sourds de 18 ans, titulaires d'un diplôme d'études secondaires, possédaient un niveau de lecture qui correspondait en moyenne à celui d'un élève de 8e année. Une autre étude, conduite en 1979 par le psychologue de l'université d'Oxford R. Conrad, indique qu'en Angleterre les étudiants sourds de 18 ans lisent comme des enfants de 9 ans[32].

---

32. Sacks, O., p. 52-53.

En 1987, la commission Education on the Deaf, mandatée par le Congrès pour évaluer la situation de l'éducation des enfants sourds, déclare que le système éducatif est un échec total qui entrave l'évolution des enfants sourds à tous les égards. La commission critique sévèrement le fait de ne pas reconnaître ni utiliser l'ASL ainsi que les ressources du milieu, c'est-à-dire des professeurs Sourds et des membres de la communauté sourde, comme ressources éducatives[33].

Une fois encore, il appert que les batailles entre de l'Épée et Pereire, puis Bell et Gallaudet, ne se déroulent pas uniquement sur le terrain des langues, mais sur celui des conceptions de la vie et de la place de chacun dans la société.

La révolte des Sourds

L'Université Gallaudet de Washington, seule institution d'enseignement supérieur réservée aux Sourds en Amérique du Nord, devient en mars 1988 le point de mire des médias et du monde entier lorsque d'anciens élèves et des étudiants ferment le campus durant sept jours pour protester contre le choix d'une entendante à la présidence de l'université.

En 124 ans d'histoire, l'établissement avait toujours été dirigé par des entendants. Plusieurs excellents candidats Sourds espéraient occuper ce poste devenu vacant, mais le conseil d'administration étant majoritairement composé d'entendants, ses membres choisirent une fois de plus un

33. Erting, C. J., (1994). « Introduction », dans C. J. Erting, R.C. Johnson, D.L. Smith et Snider, B.D. (sous la dir. de), *The Deaf Way : Perspectives from the International Conference on Deaf Culture*, Washington, D.C. Gallaudet University Press, p. XXIII-XXXI.

administrateur entendant. La D[re] Elisabeth Ann Zinser, qui entretient peu de relations avec les Sourds, est élue à la présidence. Dans le même temps, Jane Bassett Spilman, présidente du conseil d'administration, en rajoute en maladresse, affirmant que « les sourds ne sont pas encore prêts à fonctionner dans un monde d'entendants ». Il n'en faut pas plus pour que les Sourds, titulaires des mêmes diplômes universitaires que les entendants, se révoltent.

Sourds et anciens élèves de l'université, chefs de file des communautés sourdes du monde entier, membres des différentes facultés et employés de l'université marchent avec des entendants jusqu'à la Maison-Blanche et au Capitole afin de revendiquer non seulement un président Sourd à la tête de Gallaudet, mais également une majorité d'administrateurs Sourds au sein du conseil d'administration. Les médias prennent fait et cause pour les Sourds et diffusent la nouvelle jusqu'en Chine. À travers le monde, les gens sont sensibilisés à l'injustice que vivent les Sourds depuis un siècle, ainsi qu'aux efforts constants que déploient ces communautés pour préserver leurs langues gestuelles et leur culture. Cette révolution, la première dans l'histoire des Sourds, est un exemple de réussite qui se traduit immédiatement par la nomination du Dr I. King Jordan comme premier président Sourd de l'Université Gallaudet. Sous les pressions qui s'exercent de toutes parts, Elisabeth Ann Zinser est obligée de démissionner et Jane Basset Spilman est remplacée à la présidence du conseil d'administration par Philip Bravin, un Sourd, tandis qu'une majorité de Sourds prend place autour de la table du conseil en qualité d'administrateurs.

Cette révolution a l'effet d'un choc et renverse une situation où, depuis toujours, les entendants avaient la mainmise sur l'éducation et la vie des Sourds. Des millions de sourds et d'entendants changent alors leur perception à l'égard des capacités et des habiletés des personnes sourdes. On reconnaît tout d'abord les Sourds comme membres à part entière d'une communauté culturelle et linguistique, puis on impose de les respecter comme responsables de leur destinée[34].

L'année suivante, du 9 au 14 juillet 1989, 6000 personnes de tous les coins de la planète convergent vers l'Université Gallaudet afin de célébrer le premier Deaf Way, une véritable fête de la culture sourde. Au cours de ce festival culturel jumelé à des conférences, le psychologue entendant Harlan Lane n'hésitera pas à s'exprimer en ces termes : « Il y en a pour dire que nous ne pouvons pas célébrer la surdité, que nous ne pouvons que la regretter. Laissez-les venir et qu'ils apprennent. Il y a des gens qui ne mesurent la surdité qu'en termes de gain ou de perte. Ici, ils découvriront un art, une culture, une communication et non pas des audiogrammes, un langage et non pas une laryngologie. Laissez-les venir et qu'ils apprennent. Il y a ceux qui disent que le monde est entendant, laissez-les venir et qu'ils observent ce qu'est également le monde Sourd[35]. »

Une culture en éveil

Dans la foulée de cette manifestation, des Sourds se reconnaissent comme un groupe homogène caractérisé par une

34. Malzhkuhn, M.C., Covell, J., Hilbok, G. et Bourne-Firl, B. (1994). « Deaf President now », *Ibidem*, p. 829-837.

35. Lane, H., « The Studies Before and After the Revolution », *ibidem*, p. 838. (traduction libre de la citation.

culture qui leur est propre. L'identification des Sourds à ce groupe ressemble d'ailleurs à l'identification des individus à un groupe ethnique, c'est-à-dire qu'elle s'articule autour d'une langue commune, la langue des signes. Elle se caractérise aussi par une riche tradition culturelle qui inclut un héritage historique et une littérature distincts. Les sourds partagent aussi un mode de vie particulier qui s'appuie notamment sur l'utilisation de systèmes lumineux, pour pallier l'absence de sons, et de téléphones adaptés (ATS) munis de clavier.

Au sein de ce groupe culturel, les Sourds se sentent respectés et valorisés dans ce qu'ils sont, et ils peuvent s'épanouir pleinement[36]. La perte d'audition comme handicap ne fait pas partie de la définition que les Sourds font d'eux-mêmes. Ils ne s'interrogent jamais sur leur degré de perte auditive, mais sur leur notion d'appartenance à la culture sourde. Toutes les personnes sourdes ou accusant une perte auditive ne s'identifient pas automatiquement à la communauté sourde proprement dite, ce processus d'identification s'effectuant souvent en parallèle à l'acceptation de la surdité elle-même par l'individu.

Entourés d'entendants sceptiques auxquels ils doivent tout prouver, jusqu'à leur existence, les Sourds dérangent. Parmi tous les affronts qu'ils subissent, le plus pénible est sans doute celui qui leur dénie le droit d'être. Cet outrage passe par un procédé pudique d'euphémisme qui les réduit à des déficients auditifs[37].

---

36. Projet de reconnaissance de la Langue des Signes Québécoise comme langue d'enseignement officielle aux enfants sourds, présenté par l'Association des droits et intérêts des Sourds du Québec, 29 mars 1996.

37. Dr Benoît Drion, Bruxelles, Belgique, 21 novembre 1995, site Internet, *Deaf World*.

Malgré tout ce que les communautés sourdes ont enduré depuis trois siècles, elles ont réussi à ce que perdurent leurs langues et cultures. Même si les langues signées étaient bannies dans les classes, les enfants sourds signaient entre eux, en cachette, dès que la surveillance se relâchait dans les dortoirs et dans les cours de récréation. Les entendants ont constaté à de nombreuses reprises que, malgré les tentatives pour les faire disparaître, les langues signées restaient vivaces. Cela les a souvent laissés perplexes. Il faut bien admettre qu'il n'est pas facile de supprimer la langue des signes, car elle est le moyen d'expression spontané des Sourds qui, dès qu'ils sont regroupés, l'utilisent et même la créent au besoin dans des situations d'isolement.

Si ces langues signées sont restées aussi vivaces, c'est qu'elles étaient divulguées par des parents Sourds à leurs enfants sourds et entendants. À l'école, les élèves sourds transmettaient à leur tour, et en catimini, leurs connaissances aux enfants sourds de parents entendants éduqués uniquement par la parole. Les Sourds continuèrent de fréquenter leurs clubs sociaux, organisèrent des compétitions sportives, fêtes et rencontres amicales, publièrent des journaux silencieux et des magazines.

On peut être très proche ou faire partie de la communauté sourde sans pour autant être atteint de surdité. La condition la plus importante, par-delà la connaissance et l'amour des Sourds, est la maîtrise des signes. Il n'est pas rare de constater que des enfants entendants ayant des parents Sourds avouent que leur langue maternelle[38] est celle des signes et qu'ils se sentent très à l'aise dans la communauté sourde.

38. Voir le lexique à la fin de l'ouvrage.

Une contre-culture

En fait, plusieurs sont d'avis que la culture sourde est une culture d'opposition, une contre-culture. Les propos tenus par Paddy Ladd[39], en 1989, lors du premier Deaf Way à l'Université Gallaudet méritent d'être rapportés afin de mieux cerner le mystère qui entoure cette communauté culturelle : « La culture sourde est une manière de vivre qui a été discréditée et supprimée dans tous les pays du monde. Lorsque nous nous réunissons, nous utilisons un langage aussi «fin» que celui qui sort d'une bouche. Les personnes qui, avec le temps, deviennent sourdes sont coupées du reste du monde, tandis que les Sourds ne le sont pas, puisque leurs vies s'articulent autour d'une langue gestuelle et d'une culture. Ce qui nous empêche d'intégrer les cultures entendantes relève du fait de ne pas être totalement capables de communiquer dans leurs formes de langages. Même si nous écrivons correctement, nous ne pouvons pas totalement suivre une conversation, écouter la radio, parler au téléphone, aller au théâtre, au cinéma et dans les assemblées publiques. Aussi longtemps que nous ne serons pas reconnus comme groupe minoritaire avec notre langage distinct et nos habiletés opposées à nos incapacités, la culture sourde restera cachée et méconnue. [...] Même si nous pouvions entendre demain, grâce à une cure miracle, nous ne le souhaitons pas. Nos pensées sont sourdes. »

En matière de surdité, les mots nous trompent. Lorsque les Sourds s'expriment, revendiquent leurs droits et clament

39. Ladd, P. (1994), «Deaf Culture: Finding it and Nurturing it», dans C. J. Erting, R.C. Johnson, D.L. Smith et B.D. Snider (sous la dir. de), *The Deaf Way: Perspectives from the International Conference on Deaf Culture*, Washington, D.C., Gallaudet University Press, pp. 5-11.

leur différence, ils savent bien de qui ils parlent. Il est pourtant des sourds profonds qui parlent bien, qui ne connaissent pas la langue des signes et ne veulent rien savoir de cette surdité avec un S majuscule. Inversement, il est des malentendants qui parlent et signent, et qui se réclament du monde Sourd. Ce n'est évidemment pas de ne pas entendre dont s'enorgueillissent les Sourds qui revendiquent leur état avec fierté... Cette fierté qui vient du génie avec lequel ils ont appris à affronter un monde hostile où tout est régi par les entendants, y compris, suprême affront, leur propre destinée[40].

Une nouvelle histoire se déploie maintenant où le rapport de force a, semble-t-il, été renversé. Mais la partie est-elle jouée pour autant ?

La reconnaissance d'une communauté culturelle

En se regroupant en une communauté existentielle, les sourds ont toujours développé des modes de vie particuliers où l'adaptation, la créativité, les échanges et les ressources collectives constituent un patrimoine original et peuvent définir une culture.

Aujourd'hui, on constate que le nerf de la guerre entre Sourds et entendants ne vise pas uniquement des méthodes linguistiques, mais la reconnaissance d'une communauté et de sa culture. En examinant l'expression de cette culture dans divers pays et ses principaux obstacles au sein de la société dominante de ces États, on s'aperçoit vite qu'au-delà des

40. D'après Bernard Mottez cité par le Dr Benoît Drion, Bruxelles, Belgique, 21 novembre 1995, site Internet *Deaf World*.

aspects individuels ou psychologiques, la surdité est la manifestation de véritables forces communautaires ou culturelles. Cependant, la grande diversité des comportements Sourds à travers le monde met en lumière trois tendances qui ne sont, en fait, que le reflet de la culture générale du pays ou de la communauté dans laquelle chaque culture sourde évolue.

La première tendance réunit des nations qui se démarquent par la négation violente de la culture sourde. C'est le cas, par exemple, du Japon, du Pakistan. Si l'Empire du Soleil levant est un pays pourtant industrialisé, il continue de puiser sa force dans les traditions ancestrales et l'homogénéité de son peuple pour assurer depuis des générations la survie même de ces insulaires. Toutefois, on constate une ouverture par des initiatives qui permettent aux enfants sourds d'obtenir une formation académique en langues des signes japonaise. Au Pakistan, la religion musulmane semble paver le chemin à suivre pour la majorité du peuple, incluant sa population sourde. De plus, les ostracismes japonais et pakistanais nous ramènent au problème fondamental de la reconnaissance de la culture ou de sa normalisation sourde.

La deuxième tendance se compose de pays qui s'orientent vers la normalisation. L'Italie est un bel exemple, avec sa mosaïque de coutumes et de cultures différentes qui sont le reflet général de cette terre de contrastes. Les pays d'Amérique du Sud, notamment le Brésil, suivent de leur côté les courants nord-américains et s'adaptent, malgré la pauvreté d'une majorité de la population, aux changements. Enfin, l'Allemagne, qui veut réparer les erreurs du passé, proposent à ses minorités une normalisation de leur situation.

Ce mouvement se caractérise par des manifestations en sourdine de cultures en résistance que les sourds se transmettent quasi secrètement. L'opposition entre ces deux forces apparaît encore de nos jours. Cultures de résistance avec des interdictions classiques, comme l'utilisation de la langue naturelle, au regard de la culture sur le plan institutionnel, comme ce fut le cas pour les Catalans ou les Basques en Espagne.

Le troisième courant est celui de la reconnaissance de la culture sourde grâce au bilinguisme. La Suède, le Danemark, la Finlande, la Norvège, l'Ouganda, la France, certains États américains et tout récemment l'Angleterre, pour n'en nommer que quelques-uns, montrent que les populations sourdes profondes sont officiellement reconnues comme étant des groupes minoritaires qui possèdent leurs langue et culture propres. L'histoire, au regard du bilinguisme et de ses effets positifs sur l'ensemble de la population sourde et entendante de pays comme la Suède et le Danemark, reste à suivre, mais il appert que cette culture de résistance s'émancipe puisque des recherches linguistiques concernant les langues signées et le bilinguisme se développent dans plusieurs pays, notamment la France, la Suisse, le Portugal, la Nouvelle-Zélande, le Vénézuéla, la Thaïlande, les États-Unis et trois provinces canadiennes : l'Alberta, le Manitoba et l'Ontario[41], ainsi qu'au Québec comme nous le verrons ultérieurement.

---

41. Châteauvert, J., *L'autre portrait de langue, Les Sourds : portrait d'une communauté qui cherche à se faire entendre*, journal « Ici : vivre à Montréal » vol.3, No 30, 13 avril 2000.

Le Québec est-il sourd à ses Sourds ?

Si le statut des Sourds est fortement lié à la culture du pays d'appartenance, le Québec ne fait pas exception, comme le prouve l'histoire de sa communauté sourde.

D'après les recherches de Jules Desrosiers et Marie-Pierre Lachapelle[42], c'est Ronald MacDonald, originaire de l'Île-du-Prince-Édouard et formé à l'école d'Hartford dans le Connecticut, qui implante à Québec, en 1831, la première école pour personnes sourdes au Canada. On y enseigne les signes. Malheureusement, faute de subsides, l'école de la capitale ferme ses portes trois ans plus tard. En 1836, Mgr Jean-Charles Prince, directeur du séminaire de Saint-Hyacinthe, crée dans sa ville une école pour sourds qui, trois ans plus tard, subit le même sort que celle de MacDonald. En 1848, suivant les recommandations de Mgr Ignace Bourget, le père Irénée Lagorce, clerc de Saint-Viateur, fonde la première institution pour garçons sourds catholiques. L'abbé Lagorce adopte la méthode française de l'abbé Sicard et accueille les sourds, ainsi que les aveugles de tous les pays, qui ne peuvent être instruits dans les écoles d'alors. C'est la première institution permanente pour personnes handicapées au Canada. En 1874, l'Institution catholique des sourds-muets pour la province de Québec reçoit sa charte d'incorporation. Les Clercs de Saint-Viateur construisent des ateliers pour favoriser l'apprentissage de métiers. Ils forment des ouvriers qui sont engagés soit dans des entreprises privées, soit dans les ateliers de l'Institution ou à la ferme

42. Lachapelle, M.-P., « Un héritage des communautés religieuses », dans *l'Accueil*, deuxième trimestre, 1994. Desrosiers, J., dans Dubuisson, C. et Nadeau, M. (1993). *Études sur la Langue des Signes Québécoises*, Montréal, Presses de l'Université de Montréal.

d'Outremont que possède cette communauté, ce qui génère pour elle d'importants revenus. Certains sourds deviennent frères oblats de Saint-Viateur et travaillent comme auxiliaires à l'Institution. Mais à partir de 1950, de plus en plus de laïcs sont embauchés pour y travailler.

Si la langue des signes française a fortement influencé l'enseignement des garçons sourds, c'est la langue des signes américaine qui sera prépondérante sur l'éducation des filles. En effet, Albine Gadbois, une sœur de la Providence, appelée sœur Marie de Bonsecours, a étudié aux États-Unis la méthode de Thomas H. Gallaudet. Sur les recommandations de Mgr Bourget, elle fonde, en 1851, l'Institution des sourdes-muettes à Longue-Pointe. En 1870, sœur Marie de Bonsecours séjourne en Europe et se familiarise avec l'oralisme. De retour au pays, l'Institution offre les deux approches éducatives, tout comme l'Institution catholique des sourds-muets de la province de Québec. En 1879, année qui précède le congrès de Milan, les Sœurs de la Providence rejettent l'utilisation des signes comme méthode d'enseignement et adoptent avec rigueur la méthode orale pure. Avec, toutefois, une exception à l'égard des jeunes filles aveugles et muettes qui sont mises à l'écart dans une section de l'Institution. On divise en deux tous les bâtiments (cour de récréation, réfectoire, dortoir, salles de classe) afin de constituer deux groupes distincts et isolés. Pour les religieuses, les étudiantes gestuelles ne doivent pas influencer les oralistes. Par contre, du côté des garçons, les règles touchant les signes sont moins sévères. C'est d'ailleurs ce qui va permettre aux signes de se développer davantage au sein de la population masculine.

À l'Institution des sourdes-muettes, l'éducation est surtout orientée vers la vocation religieuse, et on y forme des nonnes qui désirent devenir des éducatrices pour sourdes atteintes aussi de mutisme ou de cécité. L'établissement sert également de refuge aux adultes sourdes qui s'y acquittent de diverses tâches et constituent le personnel laïc de l'Institution. À l'instar des Oblats de Saint-Viateur, naît une communauté de religieuses sourdes, les Petites Sœurs de Notre-Dame-des-Sept-Douleurs, qui travaillent comme auxiliaires et ne sortent jamais de l'Institution. En 1963, l'approche qui prédomine pour l'éducation des sourds tend vers l'oralisme et la méthode de communication totale[43], mais ce n'est qu'en 1968 que les Sœurs de la Providence reviennent à l'utilisation de certains gestes pour faciliter la communication.

En 1961, les Clercs de Saint-Viateur, submergés par le flot grandissant d'élèves, fondent l'Institut des Sourds de Charlesbourg, grâce au père Lucien Pagé. Les classes mixtes dans les écoles pour sourds ne s'ouvrent qu'en 1972, même si, dès le début des années 60, les Sœurs de la Providence enseignaient aux garçonnets et fillettes de la maternelle.

En 1977, le mandat des deux institutions montréalaises pour personnes sourdes est modifié. Les services d'enseignement qu'elles dispensent relèvent désormais du ministère de l'Éducation, et des programmes d'intégration dans les écoles catholiques de Montréal voient le jour. L'Institution catholique des sourds-muets de la province de Québec perd ainsi sa mission d'enseignement général. En 1983, l'Institution se transforme en centre de réadaptation spécialisé en surdité et en communication et devient l'Institut Raymond-Dewar. L'institut de Charlesbourg connaît le même sort.

43. Voir le lexique à la fin de l'ouvrage.

À partir des années 60, de plus en plus de sourds québécois voyagent. Certains séjournent dans les provinces anglophones du Canada ou aux États-Unis, d'autres étudient à Gallaudet College. L'influence de nos voisins est devenue si grande qu'on retrouve dans la LSQ d'aujourd'hui de nombreux emprunts à l'ASL.

Depuis 1987, la LSQ est enseignée à l'UQAM au même titre que l'espagnol, l'italien ou l'anglais, et des recherches sur cette langue ont commencé en 1988 sous la gouverne de Colette Dubuisson, chercheuse et linguiste. Cela dit, Jules Desrosiers, Sourd et chercheur - dont vous pourrez lire l'histoire de vie dans la troisième partie de ce livre -, va plus loin en affirmant que « dans l'état actuel des choses, tout le système d'éducation est conçu en termes d'intégration des Sourds, la LSQ n'étant pas reconnue officiellement comme langue ni comme un droit fondamental pour l'épanouissement de l'identité et de la fierté des Sourds, et la culture sourde étant à toute fin pratique niée [...]. Cependant, au Québec, la préoccupation de la communauté sourde pour sa langue, la LSQ, peut être interprétée comme un signe certain de vitalité et de survivance de sa culture[44] ».

Il est étonnant de constater que l'Ontario a reconnu la LSQ comme langue à part entière pour ses Sourds francophones. En effet, depuis 1993, cette province a adopté une législation qui autorise l'usage de l'American Sign Language et de la langue des signes québécoise, comme langues officielles d'enseignement pour les élèves sourds. Mais au Québec, notre gouvernement ne se prononce toujours pas ou si peu...,

---

44. *Ibidem*, p. 169.

tout en ne cessant de réclamer justice au nom du peuple québécois, un des peuples fondateurs du Canada, et de battre constamment la cadence pour préserver sa langue et sa culture d'expression française. Situation paradoxale s'il en est, puisque les Sourds québécois ont développé une langue à partir de la langue des signes de France et de l'American Sign Language, une langue gestuelle d'expression et de culture typiquement québécoises. Nos concitoyens Sourds demandent à ce même gouvernement de légitimer la LSQ, comme étant la langue naturelle des Sourds profonds québécois, alors que l'Assemblée nationale reconnaît depuis le 20 mars 1985, les langues des peuples autochtones, les langues des Premières Nations. Pendant ce temps, on semble fermer les yeux, pour ne pas dire faire la sourde oreille, sur le taux inquiétant d'analphabètes Sourds (65 % pour l'ensemble du pays)[45].

En 1997, sourds et entendants ont entamé un dialogue avec le ministère de l'Éducation. Depuis, quelques étapes ont été franchies, notamment des expériences *timides* d'enseignement bilingue (LSQ/français) à l'école Gadbois, une école élémentaire spéciale de la CSDM qui accueille des enfants ayant une perte auditive, ainsi qu'à l'Institut Raymond-Dewar à Montréal. On a aussi assisté à la création du Collège des Sourds du Québec - qui a depuis fermé ses portes, et où toutes les matières étaient enseignées en LSQ[46], et à la mise sur pied d'un projet bilingue (LSQ/français) pour les enfants sourds à l'école Esther-Blondin de Terrebonne. Soulignons également un rapport déposé en août 2001 à la Commission des États généraux

45. Roots, J. (1999). *The Politics of Visual Language: Deafness, Language Choice and Political Socialization*, Carleton, University Press.

46. Voir l'histoire « L'empêcheur de tourner en rond.

sur la situation et l'avenir de la langue française au Québec, une manifestation des Sourds devant le Parlement de Québec, le 15 juin 2001, ainsi qu'une lettre datée du 7 novembre 2002, adressée par la Fondation des Sourds du Québec à M. Bernard Landry, alors Premier Ministre, et enjoignant à son gouvernement de reconnaître la LSQ comme langue naturelle des Sourds francophones de la province. Ces *avancées* portent à croire qu'une ouverture, aussi mince soit-elle de la part du gouvernement du Québec, reste possible. Mais jamais au détriment de l'apprentissage de la langue française et non sans l'accord des parents entendants (90 %) d'enfants sourds, ce qui complique les débats. La LSQ fait peur. Peur farouche d'une « ghettoïsation » qui se fait sentir tant chez les décideurs que chez certains parents entendants d'enfants sourds. La question qu'ils posent est la suivante : si les enfants sourds profonds apprennent d'abord la LSQ, arriveront-ils ensuite à apprendre le français... oral ? Non, tous les enfants sourds profonds ne peuvent pas apprendre à parler, mais ils peuvent tous apprendre à signer la LSQ, à lire et à écrire correctement le français. Le gouvernement du Québec souhaite augmenter le nombre de ses citoyens d'expression française pour constituer une société québécoise forte, et les parents désirent l'intégration de leur enfant sourd à la société dominante entendante afin qu'il réussisse sa vie personnelle et professionnelle. Le gouvernement doit poursuivre le dialogue avec les Sourds et reconnaître la langue des signes québécoise comme langue première de communication des sourds gestuels de cette province. L'histoire se poursuit et le Québec n'est pas en reste avec ce qui se passe ailleurs. Bien au contraire.

Force est d'admettre que l'influence de l'enseignement des signes par l'abbé de l'Épée, tant en Europe qu'aux États-

Unis, a aidé les Sourds qui témoignent depuis de leur culture et de leurs langues, malgré les efforts incessants d'une majorité entendante pour les empêcher de signer. Les batailles acharnées pour faire parler les sourds et le déni de percevoir les Sourds, dans bien des cas, comme une minorité linguistique et culturelle plutôt que comme un groupe de personnes handicapées, nous font prendre conscience au Québec, depuis l'adoption – le 30 septembre 1983 – de la Charte des droits et libertés du Québec, que l'on devrait rajuster notre lorgnette et considérer sous un angle qui demande réflexion et respect les revendications des Sourds québécois.

Deuxième partie

Des histoires remarquables

On ne voit bien qu'avec les yeux du cœur

Toutes les fois que je suis confrontée aux épreuves que la vie m'apporte, je ferme les yeux, je me relie directement au courage de cette remarquable femme de 28 ans. Je me secoue et je remercie le ciel pour tout ce qui m'a été donné.

À sept mois de grossesse, la mère de Mélanie Galarneau accouche de jumelles. Sa sœur la précède de 35 minutes. Mélanie, qui n'était pas prévue au programme, en a surpris plus d'un. Elle s'était logée à proximité de l'estomac maternel et pesait deux livres à la naissance. Enfermée dans un incubateur durant cinq semaines, un surplus d'oxygène la rend progressivement sourde et... presqu'aveugle. Elle est si petite à sa sortie de l'hôpital d'Amos, en Abitibi, que sa mère doit la nourrir toutes les vingt minutes à l'aide d'un compte-gouttes. De sa petite enfance, elle ne conserve aucun souvenir des sons ou des bruits qu'elle aurait pu entendre, comme si le disque dur de sa mémoire avait été effacé. C'est à peine si ses yeux lui permettent de voir. D'ailleurs, elle deviendra complètement aveugle à l'âge de 18 ans.

Privée d'aides auditives, elle n'a encore développé aucun langage à l'âge de cinq ans. Sa jumelle, sensible à ses moindres besoins, les devine dans un signe, un regard, un son, autant d'éléments épars qui communiquent une idée cohérente et forment un tout.

Pour découvrir son environnement, Mélanie tripote tous les objets qui lui tombent sous la main. Cela ne convient pas au tempérament plutôt sévère du père qui la contraint à rester assise. Sa mère, pour sa part, doit sans cesse surveiller cette enfant hyperactive, mais elle réussit à lui communiquer son affection et son amour par des signes et des caresses.

Aussi étrange que cela puisse paraître, Mélanie est aujourd'hui fort éloquente, et sa diction, parfaite ; elle s'exprime même mieux que certains entendants. Grâce au soutien d'orthophonistes, elle travaillera avec détermination de la première à la sixième année scolaire afin de développer le langage oral, acquis au prix de rigoureux labeurs, et si cher à son actuelle liberté. À cette époque, elle apprend également à signer, naturellement et avec facilité. À l'école, elle se sent plus à l'aise en compagnie d'adultes et d'élèves handicapés auxquels elle apporte son aide, car Mélanie est généreuse de nature. Cependant, avec les écoliers *normaux*, le courant passe moins bien, car les jeunes ont souvent des préjugés à l'égard des personnes hors normes. À la récréation, si on lui lance le ballon, c'est en pleine figure, et lorsqu'elle regagne la salle de classe, c'est souvent sur ses doigts que la porte se referme. Elle préfère se tenir loin de cet environnement hostile et s'amuse plus aisément avec les secrétaires, les surveillants, etc. Lorsqu'elle se met en colère, elle signe si rapidement que ses professeurs, qui d'ordinaire préfèrent la voir parler, doivent lui laisser le temps de se ressaisir. Pendant ce temps, avides de communiquer, Mélanie et sa meilleure amie se sont inventé un code. Sylvie, qui utilise un système amplificateur pour pallier sa surdité, peut entendre les mots, et ainsi interpréter pour Mélanie les propos du professeur. Cette complicité les rend si heureuses, qu'il n'est pas rare de les voir déjouer la surveillance de l'enseignant et se sauver à l'extérieur de la classe. Assises tout près de la porte, elles signent sans déranger la classe bruyante, seules dans leur monde.

Aujourd'hui, c'est en tant qu'éducatrice spécialisée que Mélanie travaille avec quatre bouts de chou sourds à qui elle apprend la LSQ afin qu'ils puissent dès le plus jeune âge, dire « je t'aime » à leur maman. Mélanie puise à toutes les sources afin de se souvenir des sons qu'elle entendait toute petite. Elle demande à sa grand-mère et à sa mère de lui décrire les scènes de son enfance, de lui expliquer certains passages qui tournent à vide : le chant des oiseaux, la voix humaine, la musique, autant de sonorités familières aux entendants. Puis, à Montréal, où elle vit désormais, elle découvre, dans sa famille d'accueil, la puissance d'un haut-parleur. Un jour de tristesse, alors qu'elle se berce, on dépose dans ses bras cette boîte qui distille les sons, provoque les vibrations musicales et la transporte de joie. Mélanie veut briser la bulle qui l'étouffe.

Pour communiquer avec Mélanie, dans mon bureau où elle me raconte, dans un français impeccable, l'histoire que vous êtes en train de lire, j'utilise mes mains, en signant dans les siennes, et en épelant parfois un mot à l'aide des lettres de l'alphabet manuel. Elle me comprend et me répond immédiatement alors que je suis loin d'être une signeuse expérimentée ! Mélanie prend le métro sans canne blanche, avec Anaïs, sa chienne, véritable confidente qui partage ses colères, ses joies et ses tristesses. Elle a vécu seule pendant cinq ans dans un appartement à Montréal, mais faire le ménage et la cuisine l'épuisait; quand on est aveugle, tout doit être calculé. Seule avec sa chienne, elle ressentait le besoin de se retrouver avec d'autres, pour échanger au quotidien, comme chacun de nous. Elle a donc opté pour aller vivre dans une famille d'accueil. Lorsqu'elle s'absente, si quelqu'un pénètre dans sa chambre et déplace à peine sa souris d'ordinateur, elle le sait. Cet ordinateur est le plus précieux cadeau qu'elle ait reçu. Avec des logiciels adaptés aux personnes aveugles, elle communique par Internet, s'intéresse à la vie politique en lisant *La Presse*, elle se sent libre.

Et puis, il y a la Maison des femmes sourdes de Montréal. Depuis plus de deux ans, Mélanie est présidente de cet organisme voué aux femmes sourdes victimes de violence conjugale. Il s'agit d'un important centre de ressources pour ces femmes souvent isolées dans la grande région métropolitaine. C'est là que j'ai rencontré pour la première fois cette fabuleuse Mélanie alors que l'on m'avait invitée à faire partie du conseil d'administration de l'organisme. La voir présider les réunions est impressionnant. Elle se fait aussi la porte-parole de ces femmes auprès des instances politiques. On la reçoit et on l'écoute. De plus, elle prononce des conférences au cégep du Vieux Montréal et dans d'autres établissements d'enseignement, et s'occupe de jeunes enfants avec lesquels elle a développé une relation intense, et qui signent avec elle. Elle nourrit plusieurs rêves, dont celui d'avoir un enfant, mais pas sans le compagnon de vie qui prendra ses responsabilités parentales. Elle aimerait que cet enfant soit sourd, pour faciliter la communication, mais elle ne le souhaite pas aveugle, sa vie serait trop difficile. Puis, elle me parle de son rêve de chanter en duo avec Isabelle Boulay ou Marie-Denise Pelletier. Devant mon étonnement face au désir de chanter d'une personne sourde, elle me dit qu'elle n'a peut-être pas une très belle voix, puis, spontanément, elle se met à fredonner, gestes à l'appui :

Que mes draps se souviennent
De nos mains livides
Que le sang de nos veines
Se fige ou bien se vide
Que mes doigts ne retiennent
Que l'odeur de ta peau
Que mon corps t'appartienne
Bien au-delà des mots
Je t'oublierai, je t'oublierai[47].

En te regardant signer, en t'écoutant chanter, je peux t'affirmer que moi, je ne t'oublierai pas, Mélanie.

47. Les paroles de la chanson *Je t'oublierai, je t'oublierai* sont de Luc Plamondon.

Après la 300e, il a cessé de compter... ses médailles!

Il a beau être sourd, cela ne l'empêche pas de se sentir libre comme un poisson dans l'eau. Depuis qu'il a six ans, Francis Roussel accumule les médailles. Au début, il les gagnait dans des compétitions provinciales et nationales avec des entendants, mais l'entraînement devenant plus exigeant, il découvre un jour les championnats internationaux réservés aux Sourds. Valorisé par la reconnaissance que ses nombreuses victoires lui confèrent, la natation devient l'élément déclencheur de la réussite de sa vie.

Francis est né sourd profond, sa mère ayant contracté la rubéole alors qu'elle le portait. Tous les parents veulent un enfant parfait, mais ceux de Francis durent faire le deuil de ce rêve. Sa mère étant professeure, elle le prépare dès son plus jeune âge à l'apprentissage scolaire. Résultat: à cinq ans, il lit l'alphabet et sait écrire son nom. De son enfance, il n'a que de bons souvenirs. En avance sur les autres élèves, il n'a aucun problème à l'école, et se fait facilement des amis; il vit comme un enfant normal. Curieux de nature, il explore tout ce qui l'entoure, il a soif de tout savoir, de tout connaître, et se projette dans l'avenir. Bien sûr, il y a des jours où il se fait *niaiser*, parce qu'il n'articule pas bien toutes les syllabes, mais qu'à cela ne tienne, il se forge une carapace qui lui permet de surmonter les difficultés, de se dépasser. Et les jours où, en rentrant à la maison, il a envie de dire à sa mère : « Personne ne m'aime », celle-ci trouve toujours le mot juste pour dédramatiser la situation et lui faire voir les choses autrement.

Francis porte des appareils auditifs depuis l'âge d'un an et demi. Il aime le bruit et serait incapable de vivre sans ces aides techniques. Les sons lui donnent l'impression de respirer, de vivre et d'être là, présent au monde. Il entend un peu la voix des autres, mais c'est surtout par la lecture labiale qu'il accède aux mots, aux phrases, au message. À six ans, il intègre un club de natation qu'il ne quittera que 21 ans plus tard, après avoir remporté plus de 300 médailles. Passé ce nombre, il a d'ailleurs cessé de les compter. Rivalisant dans l'onde des piscines provinciales et nationales avec des entendants, il n'ose s'inscrire aux compétitions internationales : outre des épreuves de qualification ardues, aucune structure n'existe pour accueillir des sportifs comme lui. Mais lorsque sa mère découvre, à la lecture d'un article dans la revue *Entendre*, publiée par l'Association québécoise pour enfants avec problèmes auditifs (AQEPA), qu'un nageur sourd s'est qualifié aux Jeux mondiaux des Sourds en Nouvelle-Zélande, en 1989, sa vie aquatique prend une autre direction, lui ouvrant du même coup la voie à une nouvelle identité personnelle. Il a 19 ans lorsqu'il participe aux Jeux mondiaux des Sourds en Bulgarie ; c'est la première fois de sa vie qu'il entre en contact avec des Sourds. Mais sur place, à Sofia, c'est l'isolement. Seul francophone de l'équipe canadienne, il se retrouve parmi une poignée de nageurs oralistes qui articulent en anglais, tandis que les signeurs s'expriment en American Sign Language (ASL). Comme il ne signe pas et ne connaît pas suffisamment l'anglais, il se sent très seul dans ce pays étranger. Heureusement, ses parents le rejoignent dès le début du tournoi, ce qui lui permet d'échanger comme d'habitude et de se libérer de l'enfermement dans lequel il est reclus depuis son arrivée. C'est à la suite de ce concours qu'il décide de prendre des cours de langue des signes à l'UQAM et d'apprendre l'anglais.

On aurait pu surnommer notre champion, *Francis le petit débrouillard*. Haut comme trois pommes lorsqu'il arrive au secondaire, il se fait taquiner par ses camarades qui le dépassent tous d'une tête. Il trouvera cette période difficile, car il n'aura pas la possibilité de se défendre, le directeur ne cessant de le protéger et les adultes qui l'entourent, de le couver. En fait, Francis a toujours été à part des autres, comme il le dit lui-même. Il est inscrit dans une classe de niveau « enrichi », il regarde beaucoup la télévision et dévore trois ou quatre livres par semaine : biographies, bandes dessinées, contes, encyclopédies, sans oublier les définitions du dictionnaire. Cette soif insatiable de tout savoir, de tout connaître, le tenaille. Arrivé en secondaire II, il fait le saut en classe Sports-Études. Il y côtoie des sportifs qui excellent sur le plan scolaire. Il aime la discipline, se sent en sécurité dans cette bulle, dans cet environnement qui correspond à son idéal. Mais quand il arrive au cégep, les choses se corsent. Il se rebelle contre l'autorité, s'éloigne de ses parents, ne sait trop ce qu'il fera demain, cherche son identité. Il embrasse les sciences pures, vit ses premiers échecs – en mathématiques –, et se sent mal dans sa peau. Cependant, pour une fois dans sa vie, il est enfin un peu comme tout le monde ! Il délaisse finalement cette branche d'études pour les sciences humaines, qui lui laissent plus de temps pour pratiquer la natation d'élite.

Il a 20 ans lorsqu'il s'inscrit à un baccalauréat en administration à l'UQAM. L'idée vient de monsieur Roussel qui souhaite voir son fils lui succéder à la tête de son entreprise de gestion de transports et de douanes. Mais, l'année suivante, il déménage à Trois-Rivières afin d'entamer des études universitaires en psychologie et, sans doute aussi, pour déployer ses ailes loin du nid familial. Mais comme il ne se sent pas à l'aise dans ce domaine, que les perspectives d'avenir qu'il lui offre ne l'enthousiasment pas et qu'en plus, il ne s'habitue pas à l'environnement trifluvien, il revient à Montréal et s'oriente vers un baccalauréat en histoire, une matière qui le passionne depuis toujours. De l'obtention de ce diplôme, il retirera essentiellement la satisfaction d'avoir accompli quelque chose sans le soutien parental car, toujours insatisfait de son parcours, il se tourne maintenant vers un baccalauréat en adaptation scolaire et sociale à l'UQAM. Son rêve ? Devenir professeur itinérant et coordonnateur en natation et, surtout, servir d'exemple aux jeunes sourds afin qu'ils développent leur confiance en soi, qu'ils réussissent et prennent leur place dans la société dominante des entendants.

Au gré de son cheminement, Francis a su surmonter les épreuves et atteindre les plus hautes marches des podiums. Néanmoins, il déplore l'attitude des entreprises et des gouvernements à l'égard des personnes sourdes. Il affirme même qu'ils ont une peur farouche de la surdité, ce handicap invisible. Si la participation d'athlètes sourds a été officiellement admise par le Comité international olympique (CIO) en 2001, on ne parle pas encore d'une reconnaissance pleine et entière. Une fois les médailles accrochées à leur cou, les sourds ne devraient-ils pas être considérés par le gouvernement du Canada au même titre que les autres athlètes ? Alors pourquoi passent-ils inaperçus ? Pour quelles raisons ne reçoivent-ils aucune bourse annuelle et doivent-ils défrayer la moitié des frais lorsqu'ils participent à un événement international ? Y a-t-il plus sourd que celui qui ne veut pas entendre ? Quelle frustration pour Francis qui a tant travaillé pour obtenir ses médailles ! En 2001, il fut l'athlète le plus décoré lors des Championnats olympiques pour sourds : 21 médailles, dont cinq d'or, et quatre records mondiaux dans trois disciplines ! Aujourd'hui, la lumière semble poindre à l'horizon, car la Fédération canadienne de natation estime que ses exploits favoriseront la reconnaissance des athlètes sourds dans un proche avenir.

Espoir au cœur ou douleur au ventre, le vent dans les voiles et l'âme dans les flots, Francis, 27 ans, et bientôt deux baccalauréats en poche, n'a pas attendu le nombre des années pour se pencher sur le sort de ses concitoyens sourds et militer au sein de multiples associations de défense des droits des sourds, dont la Coalition Sida des Sourds du Québec (CSSQ), l'Association sportive des Sourds du Québec (ASSQ) et l'Association des sports des Sourds du Canada (ASSC-CDSA). Il serait temps que nos différents paliers de gouvernement prennent conscience de ses succès personnels et professionnels, l'honorent à cet égard et, surtout, l'identifient comme un modèle de réussite pour bien des jeunes, sourds comme entendants.

Culture et entendement

Un baccalauréat en animation et recherche culturelles dans le domaine de la communication ne peut paraître qu'antinomique à l'entourage d'une personne qui, le matin d'un examen universitaire, devient sourde. C'est pourtant ce qui est arrivé à Natalie Baril, à l'âge de 25 ans. Sourde de l'oreille gauche depuis sa naissance, elle avait, jusqu'à ce jour, développé des stratégies qui niaient cette réalité et dissimulaient ce handicap.

De ses premiers balbutiements scolaires, elle conserve en sa mémoire l'image de cette enseignante de maternelle qui ose dire à sa mère qu'elle est « arriérée » : Natalie ne répond pas lorsqu'elle l'interpelle, nettement concentrée sur ses jeux. Piquée par la rudesse d'esprit de cette éducatrice, sa mère lui fait passer des tests d'intelligence où l'on diagnostique une surdité profonde de l'oreille gauche. Moindre mal pour cette enfant adoptée à l'âge d'un an et demi – espoir d'une famille qui ne pouvait prendre le risque de mettre au monde un enfant handicapé à la suite de complications survenues lors de la naissance du précédent –, puisque l'oreille droite est parfaitement fonctionnelle. Sans doute inconsciemment, elle développe, dès le début de sa scolarité, des mécanismes d'apprentissage subtils. Elle s'assoit face aux professeurs, compense par des techniques innées de lecture labiale, et use même de supercherie pour réussir à faire marcher ses amis « du bon côté », sur le trottoir. Elle ne parle jamais ouvertement de son handicap, il figure au palmarès des oubliettes, jusqu'à ce fatidique 1er mars 1995.

La veille, Natalie s'est endormie comme tous les soirs, lovée contre son copain. Peut-être est-elle plus angoissée que d'habitude, puisque le lendemain, elle doit livrer un important exposé oral à l'université. Mais au matin, étrangement, elle n'entend pas la sonnerie du réveil et se lève en retard. Elle ne s'en inquiète pas outre mesure, son copain ne l'ayant pas entendue non plus. Pourtant, dans la salle de bains, le ventilateur, qui émet d'ordinaire un bruit agaçant, est paisible. Intriguée, elle pousse spontanément l'investigation plus loin : elle actionne la télécommande du téléviseur, active le son, puis se rabat sur la radio. Rien à faire... Elle n'entend plus. La panique s'empare d'elle. Dans les jours qui suivent, elle consulte plusieurs spécialistes, mais aucun ne peut expliquer de façon précise cette soudaine surdité complète, qui s'apparente par certains aspects au syndrome de Ménière. Elle refuse les diagnostics, pleure, se lamente, croit que sa vie est finie. Elle passe par toutes les étapes du deuil et se résigne, n'ayant pas le choix, à vivre avec sa surdité profonde.

Du jour au lendemain, sa vie est chamboulée. Elle perd un ami avec lequel elle entretenait des liens depuis le secondaire – et plusieurs autres – parce que cette surdité soudaine leur est insupportable. Elle qui aimait danser, passer ses soirées au théâtre et au cinéma, se sent incapable d'y retourner. Elle ne supporte pas l'amplification provoquée par ses aides auditives dans les lieux où les sons se croisent et s'entrechoquent, là où les fréquences sont aiguës. Les mélodies, voix et guitares, autrefois douces à son oreille, sont désormais cacophoniques. Elle ne les différencie plus, tout est nivelé, se fond en un ensemble désagréable. Et lorsqu'elle est particulièrement stressée, les acouphènes sont de la partie. La musique n'est que pur boucan, le théâtre, une agression. Elle saisit certains mots, d'autres s'enfuient. Pourtant, un jour de la Saint-Jean, l'espoir patriotique au cœur, elle réserve une place près de la scène, où le chanteur Paul Piché est en vedette. Elle veut entendre une chanson, une seule, sa préférée. Il la fredonne, s'accompagnant à la guitare, mais elle ne l'entend pas. Amèrement déçue, c'est en larmes, triste et frustrée, qu'elle retourne chez elle consoler ses peines en ce jour de fête nationale des Québécois.

Au moment de sa perte auditive, Natalie travaille dans une station-service pour payer ses études. Une sonnette à l'intérieur de l'établissement accompagne toujours l'activation de la pompe à essence lorsqu'un client se sert. Toute la journée, elle doit garder les yeux rivés sur les pompes, tout en servant ceux qui viennent acheter journaux, friandises, cigarettes et billets de loterie. Cette tâche qui lui était pourtant familière devient tout à coup très laborieuse. Surveiller les pompes, servir la clientèle, répondre à ses attentes... Elle abandonne. Elle comprend qu'elle doit adopter une nouvelle façon de vivre et qu'elle est désormais handicapée.

Sa surdité est arrivée sans s'annoncer, un beau matin d'hiver. Lors de sa première session au baccalauréat, elle était considérée comme les autres. À la suivante, elle se présente avec un interprète et un preneur de notes. Elle doit expliquer la situation ; ce n'est pas facile, puisqu'elle s'était toujours organisée pour ne pas se faire remarquer. Peu de gens étaient au courant de sa surdité de l'oreille gauche, elle avait habilement caché son jeu. Son entourage ne semble donc pas comprendre ce qui lui arrive. C'est son copain qui répond désormais au téléphone, converse avec sa mère, sa sœur, son frère. Ils perdent leurs repères. Soucieux de son bien-être, son copain veille sur elle et s'avère d'un grand soutien dans cette épreuve. Mais, en proie aux angoisses engendrées par cette nouvelle réalité, elle le quitte et retourne vivre auprès de sa mère. C'est grâce à une thérapie et à l'aide d'une psychoéducatrice – qui lui explique qu'il est normal qu'elle soit révoltée, car elle vient de vivre un choc terrible – qu'elle commence à voir la vie sous un autre angle. Être sourde n'est pas acceptable, mais elle doit continuer sa route et apprendre à vivre avec sa surdité. Mais Natalie est sourde postlinguale[48] et volubile de nature. Aussi, son élocution s'apparente à celle d'une lectrice de nouvelles, on oublie donc facilement ce handicap *invisible*. « Devenir » sourd est une épreuve terrible.

Toutefois, Natalie apprend les signes et s'accroche à tout comme à une bouée de sauvetage. Elle sait qu'elle peut communiquer avec ses pairs, travailler dans le milieu de la surdité, pour améliorer l'employabilité des personnes handicapées qui constituent son nouvel univers. Elle se fait quelques amis sourds, même si elle n'a pas nécessairement d'affinités avec les Sourds et la communauté gestuelle : deux mondes, deux cultures. Mais cette femme intelligente peut très bien voyager entre ces deux cultures, et elle apprend à vivre, un jour à la fois, avec sa surdité.

---

48. Voir le lexique à la fin de l'ouvrage.

Invitée par une connaissance d'origine française, une personne sourde – à la fois oraliste et gestuelle – rencontrée à Montréal, Natalie fait ses valises et s'envole, seule, vers Paris. Elle réalise le plus grand rêve de sa vie : voir la France. Mais plus que la tour Eiffel, c'est la chaleur des sourds, une communauté ouverte et accueillante, qu'elle découvre. Elle ne s'est jamais sentie aussi bien en compagnie de sourds. Elle se balade, est invitée partout. Grâce à leur carte d'invalidité, les sourds français – comme d'autres personnes handicapées – entrent gratuitement dans différents musées. Ils ont ainsi accès à une vie culturelle qui favorise le développement de leur esprit, un privilège que les sourds québécois n'ont pas. Ils ont des droits dans la Cité... Cet accès gratuit à la culture muséale leur permet de s'émanciper par le contact avec les arts visuels, et de se sentir citoyens à part entière. Avec eux, Natalie découvre les richesses de Paris. C'est la jouissance totale, du musée du Louvre au parc Astérix, en passant par les salles de cinéma, plus accessibles aux personnes sourdes grâce aux sous-titres, sans oublier les dégustations de beaujolais et de bordeaux entre deux fromages. Sa mère est fière, car Natalie a accompli ce que bien d'autres ne peuvent faire : partir seule à la conquête de ses rêves.

Elle est heureuse aujourd'hui de pouvoir dialoguer en signes avec ses nouveaux amis, les Sourds, grâce à cette langue qu'elle a apprise et qui lui offre des perspectives nouvelles sur le plan de la communication. Mais elle possède également la capacité de « parler » avec les entendants et de vivre auprès de ses proches, de ceux qui l'ont vue grandir. Choisir un groupe plutôt qu'un autre, elle ne le peut pas : sa culture est entendante dans son monde de silence.

Maître, vous avez la parole

Il y a quelques années, j'ai consulté un de ses écrits sur l'histoire des sourds et des communautés religieuses au Québec. À l'époque, je rédigeais mon mémoire de maîtrise sur l'histoire et la culture sourdes et son père m'avait remis son article paru dans une revue spécialisée. Directeur général de l'Institut Raymond-Dewar – un centre de réadaptation spécialisé en surdité et en communication –, les yeux de Pierre-Paul Lachapelle brillent de fierté à la simple évocation du nom de sa fille. Et il a mille fois raison, car Marie-Pierre est une jeune femme impressionnante, un véritable modèle pour tous. Dans le milieu de la surdité, elle fait jaser. Première femme avocate sourde au Québec, elle vient de terminer, à l'âge de 28 ans, sa maîtrise en sciences de l'environnement. Par sa détermination et son audace, elle ouvre une nouvelle voie aux jeunes sourds. Elle s'est frayé un chemin, là où plusieurs croyaient que les sentiers inédits du droit lui étaient interdits.

Enfant unique, on découvre sa surdité à l'âge de trois ans. Sa famille s'est installée dans la partie acadienne du Nouveau-Brunswick où sa mère, journaliste, a obtenu un contrat à

Radio-Canada. Pour ses parents, ce diagnostic n'est pas chose facile à accepter. Particulièrement pour son père, spécialiste de la santé, qui se sent coupable de ne pas avoir été sensible plus tôt au spectre de la surdité chez sa fille. À Moncton, Marie-Pierre vit l'intégration parmi les jeunes de son âge. Elle fréquente la garderie, suit des cours de danse et ne perçoit pas qu'elle est sourde. Aujourd'hui pourtant, elle se souvient de ce professeur itinérant qui venait à la maison pour des séances d'orthophonie. Elle affichait un air résigné lorsque ces cours coïncidaient avec les activités en piscine qu'elle affectionnait particulièrement ; à trois ou quatre ans, il est parfois difficile d'exprimer clairement ses envies.

Devant l'absence de soutien aux francophones oralistes dans cette province de l'Atlantique, la famille revient vivre au Québec. Sa mère met sa carrière en veilleuse pour un certain temps. Marie-Pierre, qui a six ans, n'a encore jamais côtoyé d'enfants sourds. C'est à St-Enfant-Jésus, une école qui accueille à la fois des élèves sourds et entendants, qu'elle découvre des enfants différents des autres. Malgré sa surdité, elle est inscrite dans une classe régulière, mais au dîner, elle mange avec les enfants sourds. Déjà, elle se situe entre les deux mondes et trouve ses escapades entre les deux cultures tout à fait naturelles. Deux ans plus tard, se sentant à l'aise dans une classe régulière, elle intègre l'école de son quartier. Si le professeur s'occupe d'elle, son année est fructueuse ; dans le cas contraire, ses résultats sont plus faibles. Ses parents sont déçus, frustrés de constater que certains enseignants la refusent dans leur classe. Ces derniers la considèrent comme une enfant à problème, quand ils ne s'objectent pas à porter un microphone, sans doute lourd et embarrassant, relié à un système amplificateur. Si ses parents ont supporté ces contraintes, elle, n'a pas ressenti cette mise à l'écart qui aurait sans doute été source des complexes. Dans le quartier Notre-Dame-de-Grâce où elle habite, elle fréquente des jeunes issus de différentes communautés culturelles avec lesquels elle s'amuse et est heureuse. Au secondaire, ses parents, renonçant à se battre avec le système scolaire pour que leur fille obtienne les services spécialisés nécessaires à son apprentissage, optent pour une institution d'enseignement privée. Mais une surprise les attend : le gouvernement ne veut pas défrayer les coûts de ces services dans le régime privé. Ils perdront la bataille judiciaire qu'ils avaient engagée, mais Marie-Pierre bénéficiera de leur sacrifice, grâce aux professeurs de la Villa-Maria, toujours bienveillants et attentifs à ses besoins.

Adolescente, elle ne s'intéresse pas aux garçons ni à la mode ; elle veut jouer, lire et étudier. Elle poursuit ses cours de danse, sa surdité n'allant pas l'empêcher de se réaliser pleinement. Sourde profonde, elle est à l'affût de tout ce qui se passe dans son environnement. Avec ses appareils auditifs, elle recherche les sons, la musique classique, perçoit les voix, mais ne les discerne pas. Celle des chansonniers, en particulier Félix Leclerc, dont elle s'imprègne, irradient dans la maison. Très peu sportive de nature, elle préfère la lecture, le théâtre, et développe, toute jeune, son goût pour le cinéma d'auteur. Le dimanche, elle assiste en famille aux films de Lelouch, Tavernier et Berri, pour n'en citer que quelques-uns. De temps à autre, il y a un film d'action, et elle s'ouvre aussi à cette autre dimension du septième art.

Puis, un besoin d'aller vers les sourds se manifeste soudainement. Les adolescents entendants ne comprennent pas toutes les subtilités de la surdité. Son jeu n'est d'ailleurs pas de les sensibiliser, elle découvre à peine qu'elle est différente. C'est l'apprentissage de soi qui prend toute la place. Elle se sent profane, incomprise, seule face au reste du monde, et veut découvrir les raisons de cette solitude intérieure. Elle rencontre plusieurs sourds gestuels et cette période de vie des plus significatives lui apporte un apaisement. Elle ressent un bien-être, le droit de se détendre. Elle peut se dire intérieurement qu'elle est normale. Puis elle entre au cégep du Vieux Montréal où elle fréquente désormais les Sourds ; elle s'abandonne, c'est une libération. Sa mère craint que ce coup de foudre pour la langue des signes nuise à son élocution et à sa diction parfaites, mais son français parlé restera impeccable, elle qui a travaillé si fort pour arriver à s'exprimer aussi bien qu'une journaliste ! Marie-Pierre ne néglige pas ses études pour autant, avec son tempérament de battante qui va au bout de ses expériences, de ses engagements. Elle fait du théâtre, participe à un cercle littéraire. Par la magie des interprètes, la gêne s'estompe ; elle peut désormais saisir toutes les subtilités de la communication. Sa vie estudiantine est merveilleuse, brillante, elle récolte les honneurs et obtient des bourses. Puis elle poursuit ses études à l'Université de Montréal, en droit. Son choix était déjà fait depuis le deuxième secondaire. Son père aurait préféré la comptabilité, mais elle est entêtée, et malgré les obstacles qui se pointent à l'horizon – car l'étude du droit exige une rigueur et une réflexion très pointues –, elle fonce. Cependant, elle vit un choc culturel avec certains membres de la communauté sourde. Ils pensent, à tort, qu'un sourd avocat est chose irréalisable, qu'elle sera incapable d'y arriver, qu'elle devrait plutôt s'orienter vers l'enseignement, s'occuper d'enfants sourds et remplir ainsi une obligation envers la communauté sourde. Des entendants adoptent des comportements insolites à son égard, estimant qu'elle est « deaf and dumb » (sourde et stupide). Certains lui parlent fort, tandis que d'autres s'adressent à elle comme si elle avait à peine trois ans. Le comble du ridicule sera atteint par un bien-pensant qui lui proposera sa main pour traverser la rue... Mais elle n'est que sourde, alors s'il vous plaît, parlez-lui normalement !

La période universitaire n'est pas de tout repos. Elle vit ses premiers échecs, mais s'obstine. Pour l'interprète, c'est également une aventure. Les signes correspondant aux termes utilisés dans le code civil ou pénal n'existent pas. Il faut prendre des notes, inventer un code au fur et à mesure, et c'est encore insuffisant. Inévitablement, des informations lui échappent pendant les cours. Elle décide donc de les enregistrer. Heureusement, ses parents s'acquittent des coûts exorbitants des transcriptions, mais Marie-Pierre travaille tout de même trois fois plus que les autres, car elle doit aussi consacrer, comme tout étudiant en droit, d'innombrables heures à la lecture laborieuse de jugements, de textes de loi, etc. Elle n'a plus de temps libre, étudiant sans relâche. Elle décroche son baccalauréat grâce à son courage, à sa détermination, et aux outils de communication qui ont été rendus disponibles par la générosité de ses parents. Des outils qui devraient être un droit absolu pour quiconque veut étudier à l'université et ainsi pleinement se réaliser.

En deuxième année de droit, Marie-Pierre pose sa candidature chez Stikman Elliott pour un stage d'été. Ce cabinet l'embauchera à la fin de ses études. Elle travaillera ensuite pour un autre cabinet. Elle ne plaide pas encore. Elle se considère comme un rat de bibliothèque et pratique le droit environnemental, grâce à sa maîtrise en sciences de l'environnement.

Conférencière fréquemment invitée pour parler aux enfants sourds, elle prend de l'assurance, consulte de moins en moins ses notes et développe une solide confiance en elle. Plaider à la cour est une perspective nouvelle qu'elle envisage. Elle veut pousser plus loin les frontières de l'inédit. Elle pourrait défendre des causes qui touchent les injustices à l'égard des personnes sourdes, mais sa jeune passion pour l'environnement est au cœur de ses préoccupations actuelles. Et puis, il y a l'amour. Elle partage sa vie avec un homme rencontré par le biais d'Internet, qui n'a pas vu sa surdité, mais qui a découvert, par l'écriture, une femme avec qui il partage des affinités. Ouvert d'esprit, il n'avait même pas remarqué qu'elle s'était affichée dès le départ en tant que sourde. Il croit en ses capacités et ne la sous-estime jamais, se faisant réconfortant et rassurant. Même si la vie professionnelle est importante pour Marie-Pierre, la vie familiale lui apporte l'équilibre qui lui permet de se déployer et d'aller au bout de ses rêves. Elle aurait préféré ne pas être la première avocate sourde au Québec, mais elle devra s'y faire, car, maître Lachapelle, il n'y a pas que vos parents et votre conjoint qui vous admirent, il y a tout le Québec, pour qui vous êtes un modèle.

Un anthropologue au pays des sourds

Né d'une mère entendante et d'un père devenu sourd à la suite d'un cancer des osselets, Martin Bergevin, encore bébé, ne réagit pas aux sons. Sa mère, habituée aux réactions de son mari qui n'entend rien lorsqu'il retire ses prothèses, redoute la surdité. Curieuse de nature, elle prend contact avec des chercheurs de l'Université McGill et quitte son travail pour se consacrer à ses deux fils. Martin a trois ans et demi lorsqu'elle l'inscrit à ses premières séances d'orthophonie. À la maison, tous pensent en fonction de lui. À l'heure du repas, on oublie la télévision, on mange et on discute en famille. Martin doit tout saisir et ne pas se sentir isolé. Son cadet, plus vif que lui, devient vite le plus « vieux » des deux et lui sert d'ange gardien. Il faut dire que Martin est hyperactif, pas toujours très sage, alors que l'autre est un ange... gardien ! Inscrit dans une classe spécialisée, Martin intègre le monde des entendants dès la 4e année, à la même école que son frère. Bien que perçu et désigné comme « le grand sourd », il est respecté pour ses qualités. Il s'accepte tel qu'il est : personne n'est parfait, certains défauts sont plus visibles que d'autres, mais la surdité n'est pas pour autant un obstacle insurmontable. Il a des amis, pratique plusieurs sports, tout en se sentant exceptionnel, unique. S'il n'adhère à aucun groupe, il ne souffre pas pour autant de solitude. En fait, il est plutôt du genre sélectif. Et puis, cette période d'isolement va lui donner les atouts qui lui permettront plus tard de discerner le vrai du faux, de percevoir la réalité au-delà de l'image, de détecter cette sincérité chez l'autre dans ce monde matérialiste. Directeur général du Centre québécois de la déficience auditive (CQDA), Martin peut aujourd'hui recourir aux repères acquis durant son apprentissage scolaire.

À une certaine époque, sa mère fut membre de l'Association du Québec pour enfants avec problèmes auditifs (AQEPA). Elle le contraignit à fréquenter des amis sourds, car il était essentiel à ses yeux que son fils développe ses propres outils d'adaptation à la société en général. Elle lui disait : « Il n'y a que les sourds pour te le dire, moi, je suis mal placée. ». Martin, quant à lui, s'assimile naturellement aux entendants, communique avec eux sans problème, mais, en même temps, il découvre les sourds lors de rencontres sociales occasionnelles. En ce temps-là, il ne revendique aucune appartenance, ni aux sourds ni aux entendants. Mais à l'adolescence, il trouve son clan : une association formée d'*Oralistes intégrés solidaires*. Il s'agit de personnes venues au monde sourdes, souvent dans une famille entendante, et qui communiquent principalement par la voix. Oralistes, les membres du clan ont été généralement intégrés très jeunes dans le milieu scolaire entendant, fréquentant la même classe que n'importe quel autre enfant de leur âge à l'école du quartier ou du village, et y nouant des amitiés. Dans ce contexte, rien ni personne ne leur fait sentir qu'ils sont différents, ils évoluent normalement parmi leurs amis entendants. Et puis un jour, à l'adolescence, c'est la rencontre d'un autre sourd. Des liens se soudent, on devient inséparables, on se sent soutenu, encouragé, optimiste, on devient solidaires d'esprit...

Alors pendant cinq ans, tous les vendredis, Martin va retrouver avec bonheur d'autres sourds *Oralistes intégrés solidaires* pour partager des activités, aller au cinéma, souper au restaurant, etc. On organise aussi des voyages, on va à Toronto, et même en Europe. Ils fréquentent l'école secondaire, le cégep ou l'université, dans des sphères aussi variées que l'optométrie, l'audiologie ou l'ingénierie. Ils deviennent des modèles stimulants pour les plus jeunes, prouvant ainsi que tout est possible pour un sourd. Alors pourquoi s'inquiéter de l'avenir ?

Au cégep André-Grasset, Martin s'éloigne de cette bande et découvre d'autres communautés culturelles où la recherche de l'identité et d'une appartenance n'est pas une priorité absolue. Parmi ses nouveaux amis, il ne se sent plus sourd. Avec eux, il discute de philosophie orientale et du langage de la pensée qui diffère de celui des occidentaux ; il transcende les frontières que constituent la couleur de la peau ou l'origine. Perfectionniste de nature, il obtient plusieurs mentions d'honneur et une bourse annuelle du gouvernement du Québec pour aller étudier aux États-Unis. Inscrit en maîtrise d'anthropologie à l'Université d'État de l'Arizona, la solitude le sert. N'ayant aucune attache, devant se débrouiller dans une langue et une culture différentes, l'adaptation se fait à la vitesse de l'éclair. Tel un caméléon, il se fond à n'importe quel environnement. C'est à cette époque qu'il apprend les signes et découvre la culture sourde. Au pays de l'hégémonie culturelle et de la pensée unique, il est perçu non comme un sourd, mais comme un étranger. À l'université, il demande un interprète oraliste, mais aucun n'est disponible. Obligé d'apprendre en même temps deux langues, l'anglais et l'American Sign Language (ASL), il plonge à 23 ans dans le monde des sourds gestuels. La majorité de ceux qu'il côtoie sont en maîtrise et en doctorat de géographie, d'éducation ou de sciences. Ils représentent l'élite sourde américaine. À la différence de l'Université Gallaudet – une institution d'enseignement supérieur réservée aux sourds –, ici, aucune dérogation n'est accordée. Succès et échecs sont basés sur les mêmes critères pour tous. Martin rencontre des sourds, effectue des recherches sur les perspectives de la culture sourde. Anthropologue en devenir, il se passionne pour les structures propres à chaque culture.

Cependant, il n'arrive pas à croire à une véritable culture sourde. Il s'est promis, juré qu'il ne travaillerait jamais avec ou pour cette communauté. Sa mère, pro-oraliste, a vécu dans cet univers, formant les premières interprètes oralistes au Québec. Martin y a vu trop de guerres, trop de déchirements entre ceux qui se proclament « vrais » sourds au détriment des « faux » sourds, malgré l'audiogramme. Et puis, cette nouvelle bataille autour de l'implant cochléaire, qui divise une fois de plus les sourds et stigmatise souvent les enfants et les familles, est un autre problème qui vient confronter les sourds à leur dure réalité quotidienne. Martin, pour sa part, est persuadé que les sourds doivent s'entraider et non se déchirer. Pour des raisons personnelles, il suspend son projet de maîtrise, revient au pays et se voit offrir un poste de coordonnateur au Centre québécois de la déficience auditive. Alors qu'à maintes reprises il s'est juré de s'éloigner de ce monde, le voilà qui travaille pour un organisme regroupant plus de 80 associations de personnes sourdes au Québec : oralistes, devenus-sourds, malentendants, sourds-aveugles, sourds gestuels, etc.

Au début, c'est non sans crainte qu'il s'approche des gestuels. Lui qui s'est senti rejeté au secondaire par ce groupe, comment sera-t-il désormais considéré ? Aujourd'hui, directeur général de l'organisme, il adore le contact qu'il a avec les Sourds. Même si ce n'est pas toujours facile, ce grand défi est stimulant. Les personnes sourdes doivent croire que leurs conditions de vie vont s'améliorer. Avec l'équipe du CQDA et son président, Gilles Boucher[49], Martin se dépense sans compter afin que le monde politique soit sensibilisé davantage à l'urgence d'améliorer la qualité de vie des sourds, de faire aboutir les dossiers qui concernent les droits de ces citoyens à part entière.

Sa nouvelle mission le rend heureux. Il est respecté de plusieurs Sourds, parce qu'il les respecte lui-même et les apprécie pour ce qu'ils sont. Il a grandi dans une famille qui lui a donné beaucoup d'amour et transmis des valeurs d'entraide et de respect. Et si les idées de sa mère diffèrent des siennes, cela ne les empêche pas de s'aimer. Martin a évolué grâce à ses rencontres et contacts avec le monde des Sourds. Il a parcouru le Québec à la découverte des sourds de toutes les régions pour écouter leurs revendications. Il s'est rendu compte qu'il fallait changer l'ordre des choses, qu'il y avait un besoin criant d'éducation accessible à tous les sourds. Martin, à qui les Sourds ont donné une identité, est d'avis qu'en disposant

49. Voir l'histoire « Un Sourd parlant ».

de meilleurs outils adaptés à leurs besoins, ces derniers seront capables de réussir leur vie, et *dans* la vie. À 31 ans, avec une maîtrise bientôt accrochée à son blason et plusieurs langues parlées et signées couramment, il souhaite poursuivre des études doctorales. Mais surtout, il se sent choyé d'avoir accès à cet univers de connaissances qui lui ouvrent grandes les portes du monde. Il n'entend peut-être pas, mais il comprend les injustices sociales, il connaît les combats que les moins nantis doivent mener, car il perçoit avec son cœur ce que bien peu d'entre nous peuvent saisir.

Silence... On signe !

Luc Ledoux avait déjà atteint la quarantaine lorsqu'il eut ses premiers contacts avec la LSQ, mais il traînait néanmoins une longue expérience des problèmes reliés à la surdité.

Luc est adolescent lorsque sa mère perd l'ouïe en quasi-totalité, à la suite d'une intervention chirurgicale visant à la guérir du syndrome de Ménière. Il faut désormais lui parler près de l'oreille et presque hurler pour installer une quelconque communication. Lors des réunions familiales, tout le monde s'intéresse à elle pendant les cinq premières minutes, mais passé ce délai, elle retourne dans son monde de silence. Le constat est sans équivoque : lorsqu'on se rencontre entre entendants, pourquoi parlerait-on aux sourds, pourquoi les inclurait-on dans les échanges ? Ils n'ont *pas l'air intéressé*, de toute façon. Alors que l'enthousiasme est à son comble et que les conversations s'animent, il faut s'*époumoner* pour expliquer à la mère les scènes qui se déroulent sous ses yeux entre ceux qu'elle aime. Musicien de profession et sensible jusque dans les fines cordes de son cœur, Luc, comme le reste de la famille d'ailleurs, éprouve de plus en plus de difficulté à tolérer cette situation, lorsqu'il apprend, au hasard d'une conversation avec un ami, qu'il existe une école à Montréal où l'on peut apprendre la langue des signes. Dès lors, il rêve de devenir l'interprète de sa mère, servant de passerelle entre ces deux mondes qui ne s'entendent pas, lui permettant peut-être de mieux vivre ses dernières années dans la joie et le bonheur retrouvés de pouvoir à nouveau échanger avec les siens, avec dignité et fluidité.

Avant de connaître la communauté sourde en 1996, il emploie comme tout entendant le terme « sourds-muets » pour désigner les sourds gestuels. Il n'a aucune idée de ce monde ni de sa culture. Il ignore que ce mot écrit avec un S majuscule identifie les membres de cette communauté qui se réclament de leur langue gestuelle et de leur culture propres. Lui, il vit depuis toujours dans la communauté entendante, même si la surdité fait partie de sa vie depuis des années. Il pense que la LSQ, dont il ne connaît strictement rien, est peut-être une affaire de 50 à 75 signes qui résument à peu près toutes les réalités, qu'elle est facile à apprendre, qu'il pourra même enseigner ces signes à sa mère et qu'il n'aura plus besoin de lui crier dans les oreilles. Sauf que la LSQ est une langue aussi complexe que le français, l'espagnol ou le mandarin, et c'est comme s'il venait enseigner le mandarin à sa mère octogénaire qui, en plus d'éprouver des problèmes de mémoire à court terme – qui réduisent à néant toute possibilité d'apprentissage –, ne comprend pas pourquoi elle devrait, à son âge, apprendre des signes qui n'ont aucune résonance pour elle.

À l'Institut Raymond-Dewar, où il s'est inscrit pour étudier la LSQ, il va subir un des plus grands chocs de son existence. Gérard Labrecque, son professeur sourd, est un artiste, un mime et un comédien incroyable, une réincarnation de Chaplin ! Entré en cours à 18 heures, Luc n'est plus le même homme lorsqu'il en ressort à 21 heures. C'est le coup de foudre pour ce mode de communication fabuleux, à l'image d'une rencontre au coin de la rue avec un être sublime qui vous détourne à jamais du chemin de la maison. Ce fut aussi radical que cela. Ce premier contact avec le monde des Sourds est venu le happer, l'aspirer. Rien ne l'avait séduit à ce point durant toute sa vie, dans toutes les activités qu'il avait accomplies, pas même son intense passion pour la musique. À l'instar d'un archéologue, il vient de découvrir un trésor qui l'interpelle personnellement, intimement. Sans qu'il sache encore trop pourquoi ni comment, il perçoit que cette force qui vient de faire basculer sa vie, lui donner un sens nouveau, est de l'ordre de l'incommensurable, du sacré.

Au bout de trois semaines, il a terminé son premier cours intensif en LSQ, mais force est d'admettre que son projet de faire comprendre les signes à sa mère et de devenir son interprète est irréaliste. Toutefois, cet outil précieux qu'est la LSQ va devenir le fil conducteur d'une nouvelle destinée professionnelle. Un ami sourd de sa fille, qui écrit des poèmes gestuels en français sourd – un mode d'expression qu'il ne connaît pas –, lui demande de les adapter en français standard et de les lire, simultanément aux signes poétiques, lors d'une réception réunissant des Sourds et des entendants. Cette première expérience fait boule de neige au sein de la communauté sourde dans laquelle il baigne désormais ; il y est bientôt reconnu comme spécialiste de la « réécriture » du français sourd vers le français standard. À la même époque, il se rend, dans ses temps libres, au Centre de la Communauté Sourde du Montréal

Métropolitain. Il accueille les Sourds, lit leur lettre d'assurance-emploi et celles d'autres organismes publics, leur en explique la signification, les informe de leurs droits, et améliore ainsi sa propre connaissance des signes. C'est là qu'il rencontre Yann-Guénolé Lacroix, un émigrant français sourd, détenteur d'un baccalauréat en cinéma de l'Université de Montréal, et qui vient de mettre sur pied sa propre maison de production, Cinéphoto S. Yann a plein de projets en tête, dont celui d'adapter les documents imprimés à caractère officiel que les sourds ne peuvent lire en raison de leur analphabétisme. La communauté sourde gestuelle est analphabète fonctionnelle à 85 %, et Yann veut adapter les documents, dépliants, brochures et autres écrits qui traitent de santé, de sécurité, de normes du travail, de congés parentaux, de toxicomanie, bref de sujets qui touchent tous les individus. Pour entrer en relation avec les différents ordres gouvernementaux, Yann a besoin d'un entendant, car s'il écrit en français sourd, il n'a pas les moyens communicationnels de se faire comprendre. Luc va soutenir son dessein et comme il a des contacts dans les milieux audiovisuel et théâtral, ils se mettent au travail. Yann, qui a tourné en 1994 un long-métrage bilingue (français-LSQ) intitulé *Bonne chance Max*, va obtenir une subvention qui va leur permettre de travailler ensemble pour mener à bien leurs projets.

Ils préparent les dossiers et tente de s'associer aux responsables des communications qui ont pour mandat, dans les ministères et sociétés d'État, de diffuser des informations. Luc les sensibilise à la communauté sourde, leur explique pourquoi il faut adapter les documents en langue des signes. Ses interlocuteurs sont loin d'imaginer que la majorité des Sourds n'ont pas les habiletés de lecture requises pour prendre connaissance de leurs écrits et que, pour pallier cette situation d'exclusion, il existe d'autres moyens de diffusion. Par exemple, des vidéos tournées en langue des signes qu'on distribuerait dans la communauté sourde. Le premier organisme qui adhérera à leur proposition est Hydro-Québec. Industries Canada et Élections Canada suivront, et ce sont plus d'une vingtaine de productions qui seront réalisées avec des acteurs sourds, entre 1998 et 2002. Tout ce qui manquait à Yann pour réussir dans cette voie, c'était une voix. Juste une voix, une oreille, et un accompagnateur apte à structurer deux paragraphes en français. Parce que le talent artistique, la technique cinématographique, le sens de ce 7e art, Yann le possédait déjà complètement.

Cette rencontre a complètement transformé la vie de Luc. Amateur de linguistique et amoureux de tous les langages, il réalise que la langue des signes lui permet de percevoir la réalité et de la reproduire dans une langue où il était, il y a quelques mois... analphabète ! En travaillant avec les Sourds, il se rend compte qu'il est temps, pour lui qui a tout reçu de la vie, de redonner sa part à la société. Même si Luc n'a pas complètement abandonné ses activités dans le monde du spectacle (deux des productions auxquelles il a collaboré à titre de concepteur musical au cours des cinq dernières années ont été mises en nomination au gala des Masques), aujourd'hui, une grande part de ses activités professionnelles se déroule dans le monde des Sourds : tuteur à l'UQAM pour les étudiants sourds, traducteur passant du français sourd au français standard, détenteur d'un certificat d'interprète LSQ, Luc est un passeur, un accompagnateur, un homme qui s'enrichit au contact des autres. S'il découvre de nouvelles pistes, cela signifie que sa personnalité a muté, puisque l'être humain est intimement lié à l'évolution de sa pensée. Et comme notre pensée est étroitement associée à notre langage - on soutient à tort que la pensée est l'organe du langage, alors que c'est l'inverse - c'est par le langage que l'on construit une pensée, et par elle que l'on produit une expression claire. D'ailleurs, sans langage il n'y a pas de pensée abstraite. Alors, qui a dit que les Sourds ne peuvent comprendre les notions abstraites puisqu'ils possèdent, comme le soutient Paddy Ladd[50], « un langage aussi "fin" que celui qui sort d'une bouche [...] et que même si nous pouvions entendre grâce à une cure miracle, nous ne le souhaitons pas. Nos pensées sont sourdes. » ?

---

50. Paddy Ladd est titulaire d'un doctorat de l'Université de Bristol en Angleterre. Activiste Sourd et cofondateur de la *Nationale Union of the Deaf* à Londres, il est producteur et réalisateur d'émissions de télévision pour Sourds.

Un ange m'est apparu

Sa présence irradiait dans mon bureau lorsqu'elle y fit irruption. Tant de beauté et de fraîcheur dans ce regard... Je l'observais comme une fan, au festival de Cannes, devant la plus séduisante des actrices de cinéma. Ses gestes gracieux, ses cheveux longs, blonds comme les blés, son romantique chapeau bourgogne, tout en elle attirait et donnait envie d'approfondir ce premier regard. Quelques minutes s'écoulent, puis son interprète en American sign language (ASL) entre en scène, car Pamela Witcher est anglophone.

Terre-Neuviens d'origine, ses parents signent en Maritime Sign Language (MSL). C'est au Centre Mackay, à Montréal, où tous deux suivent des cours d'ASL, qu'ils tombent éperdument amoureux et décident d'unir leur vie. Première-née de la famille, Pamela est-elle née sourde profonde, comme son cadet ? Elle est convaincue d'avoir conservé de légers restes auditifs à l'oreille droite, mais des otites à répétition, jusqu'à l'âge de 15 ans, puis le port d'un appareil amplificateur joueront, selon elle, en sa défaveur. Ses parents n'étaient pas favorables aux écouteurs, mais ils ne pouvaient pas s'y opposer : ils étaient obligatoires au Centre Mackay, où Pamela était inscrite. Ses professeurs utilisent un mélange de voix, d'anglais signé et d'ASL. Elle se débrouille assez bien en anglais et lorsqu'elle ne comprend pas ce qu'on lui enseigne, ses parents savent la rassurer et lui raconter des histoires en ASL. Issus de familles riches en sourds[51], ce n'est pas tant l'aspect politique de la culture sourde qui interpelle les parents de Pamela que celui de la religion. Ils sont témoins de Jéhovah.

Sa mère, sourde profonde, est fascinée par la télévision. Lorsqu'elles sont seules, elles regardent des clips, des émissions de variétés, et se dandinent aux rythmes qu'elles perçoivent par leurs yeux. Elles partagent ce plaisir pour la musique. À l'âge de 13 ans, Pamela rejoint une école du système scolaire traditionnel. Elle est curieuse de découvrir la culture des entendants, elle qui a toujours vécu dans le milieu sourd. Elle s'intègre dans cette nouvelle collectivité, se fait des amis, participe à des fêtes et remarque les différences culturelles. À 16 ans, elle manifeste son désir de quitter les témoins de Jéhovah. Ses parents sont attristés par ce choix déchirant. La religion les unit si fortement... Mais Pamela, une adolescente indépendante, désire voler de ses propres ailes. Son diplôme du secondaire en poche, elle cherche son identité. C'est à Vancouver, lors d'une conférence sur la culture sourde, à laquelle elle assiste dans le cadre de l'Année internationale de la Jeunesse, qu'elle en a la révélation. On y projette le film *Deaf President Now*, dans lequel s'exprime le Dr I. King Jordan, qui fut le premier sourd à être élu, en 1988, président de l'Université Gallaudet. Jusqu'alors, elle avait toujours communiqué avec

51. Cette expression désigne les familles qui comptent plusieurs personnes sourdes.

les entendants individuellement, grâce à ses appareils auditifs. Dorénavant, elle refuse de les porter et adhère à la cause du Deaf Power. Elle lit tout ce qui concerne les Sourds, aussi bien sur le plan linguistique qu'historique ou culturel. S'affirmant en tant que personne sourde, elle souhaite rencontrer un premier compagnon sourd. Elle se trompe : il est Italien et gesticule beaucoup. Plus ils font connaissance, mieux elle s'adapte à lui et signe naturellement et plus il apprend les signes ... Elle lui explique ses valeurs, les règles de sa culture et les normes à suivre. Habituée depuis sa tendre enfance à être douce et docile, elle sort ses griffes et revendique ses droits en qualité de Sourde. Un militantisme à l'image d'un véritable geyser.

Six années durant, elle aide les enfants sourds du Centre Mackay, enseigne l'ASL, pratique des sports avec des Sourds et choisit sa communauté. C'est d'ailleurs à cette époque qu'elle rencontre enfin son premier ami sourd... francophone. C'est le choc culturel. Dans sa famille, on signe en LSQ, comme au Centre des Loisirs des sourds de Montréal. Elle découvre une langue signée plus exubérante, dans laquelle elle se sent moins à l'aise. Sensibles à ses réserves, les Sourds francophones de Montréal essaient de lui faciliter les choses en adoptant l'ASL en sa présence. Les valeurs et la culture des Sourds de la communauté LSQ diffèrent de sa culture sourde anglophone, plus flegmatique. Les expressions faciales y sont plus nombreuses, les signes plus expressifs, tandis qu'en ASL, on est plus réservé, moins démonstratif dans l'utilisation des signes, à l'image des Québécois et des Canadiens. Deux mondes, deux cultures. Elle doit s'adapter à cette nouvelle réalité, comme elle l'a fait avec les entendants. Les signes des sourds anglophones ont sans doute eu une influence sur les racines de ceux que les sourds francophones de Montréal utilisent. Ce mélange de cultures sourdes montréalaises, au fil des ans, se manifeste dans leurs langages. Qui plus est, les parents de son amoureux vivent à Québec. Or, la LSQ dans cette partie de la province diffère légèrement de celle en usage à Montréal. Dans cette famille, lorsqu'ils signent des heures durant et se racontent des histoires en LSQ, elle est perdue ! Le peuple québécois argumente, s'exprime, ses racines sont latines. Pamela, qui a grandi au sein d'une culture anglophone et dans une religion où l'on maîtrise ses émotions, réalise que le fait d'être sourde avec les Sourds ne lui offre pas nécessairement le bonheur que l'activiste en elle recherche. Elle découvre qu'elle peut également être heureuse avec des entendants, que le bonheur ne provient pas nécessairement du militantisme, mais bien de l'intérieur. Ses parents auraient souhaité qu'elle trouve un travail à la fin de ses études secondaires, mais cette fille dynamique et intuitive a décidé d'entrer au cégep Dawson. Elle a pris la responsabilité des services pour personnes handicapées et s'est débrouillée seule. Elle accumule les emplois au Centre Mackay pour défrayer sa scolarité dont les coûts ne sont pas entièrement acquittés par le gouvernement. Elle se sent attirée par les arts, la poésie et tout ce qui touche à la créativité. Bachelière en service social de l'Université McGill, elle n'a pourtant déniché aucun emploi dans sa branche. Aujourd'hui, elle travaille justement à McGill en recherche linguistique et support administratif. Parallèlement, elle peint et écrit des poèmes. Les mots sont pour elle liés à la musique. Les phrases se doivent d'être bien tournées afin que l'émotion transcende.

Pendant sept ans, elle s'est coupée de ce monde des arts et de la créativité. Il lui manquait une large partie de son identité. Elle recommence à porter ses appareils pour écouter de la musique. Elle a envie d'être chanteuse, même si elle est consciente que cette voie est pleine d'embûches pour une sourde. Mais Pamela est une force de la nature et avec elle, tout est possible. Aquarelliste, elle exprime les sons de son âme chaque fois que le pinceau effleure le papier qui se transforme en nuances voilées par le prolongement de sa pensée artistique et poétique. Ce qu'elle recherche avant tout n'est pas tant l'expression de son identité de Sourde dans un monde d'entendants, celle d'une femme dans un monde d'hommes, mais plutôt cette voie identitaire qui passe forcément par la vitalité artistique, qui fait vibrer son cœur. Elle se définit de plus en plus par les arts et aime partager ses passions avec des amis. Pour Pamela, l'identité n'a pas besoin d'étiquette, le regard qu'elle pose sur le monde est celui de la compassion et de l'amour dans cet environnement où les inégalités sociales sont manifestes. Alors, libérée de toutes les contraintes, au son du tam-tam de son ami de cœur musicien, en compagnie de sourds et d'entendants, elle danse et elle chante. Lorsque nous nous sommes quittées, à la fin de l'entrevue, un ange s'est envolé !

Pas facile de changer de pays !

Par une belle journée ensoleillée mais glaciale, Marius Conea est confortablement installé dans la luge tirée par son grand-père au milieu de la campagne roumaine. Le vent qui s'est levé a rageusement soufflé alors qu'ils traversaient un pont. Malgré sa tuque de laine qui lui couvre les oreilles, une sensation de brûlure l'assaille. Dix jours plus tard, son ouïe a diminué de moitié. Il demande à son grand-père de parler plus fort lorsque celui-ci lui raconte des histoires. Puis, c'est le vide total, il n'entend plus. À son retour à la maison familiale, à la fin des vacances scolaires, ses parents sont déboussolés. Marius ne réagit plus à la voix de sa mère, tous ont perdu leurs repères. La ronde des hôpitaux ne fait que commencer et les tests de dépistage se multiplient. Aucune explication scientifique ne peut élucider cette surdité subite. On essaie tous les traitements disponibles. De l'acupuncture, il se souvient des aiguilles enfoncées dans sa tête et du sang qui s'écoule. Les médecins roumains sont impuissants devant ce cas singulier. Déstabilisé, monsieur Conea part avec son fils vers la Yougoslavie, la Bulgarie, la Belgique et l'Allemagne à la recherche d'une cure miracle. C'est finalement en France qu'il découvre l'existence d'une nouvelle biotechnologie, l'implant cochléaire[52], qui permettrait à Marius d'entendre à nouveau. Malheureusement, on ne parle pas un mot de français chez les Conea et les coûts reliés à cette opération sont très élevés. La famille aux revenus modestes ne dispose pas des fonds nécessaires. De retour en Roumanie, Marius porte des prothèses auditives qui ne lui conviennent pas : il n'entend que des bruits parasites. Devenu complètement sourd, il parle à une vitesse affolante. Plus personne ne comprend ce qu'il dit. À l'aide d'une orthophoniste, il réapprend à parler plus lentement et de manière plus audible – cet exercice de réadaptation, exigeant et laborieux, porte fruit, car aujourd'hui, Marius peut s'exprimer par la parole–. À l'école, il a peu d'amis, pas d'interprète, mais il réussit malgré tout à obtenir de bonnes notes. Impressionnés par ses résultats scolaires, ses pairs sont remplis d'admiration et deviennent soudainement ses amis.

Un jour, monsieur Cornea apprend que Marius pourrait se faire opérer au Canada. On fait les valises et toute la famille immigre au Québec. C'est tout un changement de vie qui s'ensuit. À l'école, Marius essuie de nombreux échecs en français, il doit se faire de nouveaux amis, composer avec un nouvel environnement, bref, les obstacles sont nombreux. Puis, pour des raisons obscures, ses parents divorcent. En catimini, la mère reprend le chemin de la Roumanie avec ses deux fils. Deux mois plus tard, le père les retrouve, laisse le plus jeune des fils avec sa mère et revient au Québec avec Marius. C'est l'éclatement, la déchirure, la séparation. Il reprend ses cours, à la même école, mais son niveau de français ne s'est pas

52. Voir le lexique à la fin de l'ouvrage.

amélioré. Puis, le père et le fils déménagent au Gabon, où monsieur Conea a obtenu un poste. Pendant huit mois, Marius apprend à maîtriser la langue française grâce à la complicité de la compagne de son père et de quelques amis. À son retour à Montréal, tout lui semble plus facile. Il communique plus aisément, se fait des amis qui comprennent ses difficultés et l'encouragent.

Le jour de l'opération tellement attendue arrive. Il interrompt momentanément ses études pour recevoir son implant cochléaire à l'Hôtel-Dieu de Québec. Il reste hospitalisé pendant deux semaines, la tête recouverte de bandages, traversée de douleurs lancinantes. Puis il rentre à Montréal pour une période de convalescence d'un mois. De retour à Québec, il loge dans une famille d'accueil pour la période des tests post-opératoires. Lors du premier test, Marius, relié à un ordinateur, n'entend rien ...Puis, des bip ! bip ! bip ! le surprennent. Il fréquente l'Institut des sourds de Charlesbourg pour une période de réadaptation en audiologie et en orthophonie. Malgré une session intensive de quatre mois, les résultats ne sont pas satisfaisants. Pourtant, il entend le gazouillis des oiseaux, réagit lorsqu'on l'appelle par son nom, perçoit les différentes sonneries, mais il ne peut tenir une conversation téléphonique et ne saisit, dans une phrase, que quelques mots épars. Il doit malheureusement continuer à utiliser la lecture labiale pour communiquer. Quelle déception ! Il avait nourri tant d'espoirs à l'égard de cette technologie. Il a changé de pays, de langue et de culture, appris à vivre avec sa surdité, s'était fait de nouveaux amis, et ses parents se sont séparés. Tous ces efforts pour un simple implant cochléaire. Dans son cas, l'opération n'a peut-être pas été une réussite, mais dans d'autres situations, l'implant cochléaire est un succès. On remarque beaucoup de résistance envers cette nouvelle technologie qui s'améliore d'année en année, au fil des recherches. L'implant suscite des débats houleux et émotifs. Les Sourds se sentent menacés dans leur culture, éradiqués par ce procédé dont les promoteurs ont sans doute vanté les mérites avec un optimisme un peu prématuré. Mais plusieurs parents y puisent l'espoir de voir un jour leur enfant sourd intégré au sein de la société entendante. C'est avec le temps que nous découvrirons si l'implant cochléaire pratiqué chez les enfants sourds améliore leur qualité de vie, ou si, au contraire, ces derniers le rejettent une fois devenus adultes. Notre but, ici, n'est pas de faire le procès de l'implant cochléaire ni de louer ses vertus. Mais une chose est certaine, il y a de plus en plus d'enfants implantés au Québec, et nous devons composer avec cette réalité.

Aujourd'hui dans la vingtaine, Marius tarde à s'accepter tel qu'il est. Il a un pied dans le monde des entendants et l'autre dans celui des sourds. Il est devenu sourd à l'âge de six ans, après avoir fait l'acquisition d'une langue orale, et le souvenir des sons, des bruits et de leur représentation est omniprésent. Cela dit, et malgré l'échec de son implant cochléaire, Marius complètera ses études secondaires et collégiales avec brio. Dès l'âge de dix-neuf ans, il vit seul à Montréal en appartement. Il tente de se trouver un emploi, mais se rend compte du manque d'ouverture de la part de plusieurs employeurs envers les sourds. Sa vie n'est pas facile, il a beaucoup souffert. Si les employeurs étaient en mesure de saisir l'ampleur des difficultés que les personnes handicapées surmontent quotidiennement pour parvenir à garder la tête haute, ils n'hésiteraient pas un instant à leur offrir la chance de démontrer leurs capacités. Sans travail, Marius a donc décidé de poursuivre ses études en administration au HEC. Ce n'est pas une voie facile non plus. Le niveau du français est plus élevé qu'au cégep, et, souvent, les longues questions qu'il doit développer dans les examens le déstabilisent. Mais il tente par tous les moyens de surmonter cet obstacle. Sa vie de mésaventures le rend plus fort, plus apte à relever les défis. Comme plusieurs Roumains, il s'adonne à la musculation. De plus, il pratique le tennis, le ping-pong, le jogging et le vélo pour se distraire. Mais surtout, comme tous les immigrants, il pense souvent à revoir son pays natal. Il a beau être citoyen canadien depuis l'enfance, il sera toujours Roumain dans l'âme. Alors, en rêve, entre deux cours, il prépare son voyage annuel où, pendant un mois, l'été venu, il fait le plein d'énergie, savoure la cuisine de sa mère, se promène avec son frère en respirant l'air de la campagne, et, pendant ce moment passé parmi les siens, il oublie qu'il est sourd !

D'une communauté à l'autre

Au milieu des années 70, Paul Bourcier, alors étudiant en théologie, consacre sa vie à la prière chez les trinitaires. Engagé dans l'action communautaire, il fait un stage d'agent de pastorale au Centre hospitalier Saint-Jean-sur-Richelieu. Un jour, alors qu'il s'est rendu assister à l'ordination d'un pair aux États-Unis, il aperçoit Thomas Coughlin – étudiant en théologie et trinitaire comme lui –, dans le réfectoire du couvent. Il est intrigué par son mode de communication, qui associe silence et expression corporelle. Un interprète traduit en signes ce que ce trinitaire n'entend pas. Jamais Paul n'a côtoyé de sourds auparavant et cette première rencontre sera déterminante dans sa vie. Pour communiquer avec Thomas, il griffonne des phrases en anglais sur un bout de papier, et c'est ainsi que les deux hommes se lient d'amitié. Invité à rencontrer la famille de Thomas quelques jours plus tard, Paul découvre le monde fascinant des Sourds. Un flot d'émotions l'envahit et le transporte. Même s'il ne comprend pas un traître signe, il perçoit une belle langue et découvre un univers jusqu'alors inconnu. De retour à Montréal, Paul cherche une école où l'on enseigne les signes. Ce faisant, il reste en contact avec son nouvel ami, qui deviendra d'ailleurs le premier prêtre catholique sourd à être ordonné en Amérique du Nord.

C'est lors d'une visite à l'Institut des sourdes-muettes de Montréal que Paul apprend que logent à Montréal les sœurs de la congrégation de Notre-Dame-des-Sept-Douleurs, l'unique communauté au monde entièrement composée de religieuses sourdes. Puis, Theresa Kelly – qu'il a connue à l'Institut des sourdes-muettes et avec laquelle il est toujours lié d'amitié aujourd'hui–, lui parle de Paul Leboeuf, un prêtre entendant qui connaît les signes et les enseigne à qui veut bien. L'abbé Leboeuf utilise un livre de signes américains, car à l'époque, il n'existe aucun ouvrage de référence d'origine canadienne ou québécoise. La LSQ n'existe pas encore ; on apprend « les signes », un point c'est tout ! Paul est aussitôt emballé par l'apprentissage de ce nouveau mode de communication. Il l'enseigne même à un coreligionnaire avec qui il communique par signes pendant les offices, alors que le silence et le recueillement sont de rigueur, ce qui ne manque pas d'irriter les autres membres de la communauté. Les deux nouveaux complices s'amusent lorsqu'ils vont dans des endroits publics, l'un jouant le rôle du sourd et l'autre, celui de l'entendant... Jusqu'au jour où ils se font prendre à leur jeu par des Sourds qui, les observant, détectent bien vite leur manège... d'entendants !

Sensibilisé au monde des Sourds, Paul quitte la communauté trinitaire. Son but est de se rendre utile autrement, de se consacrer aux autres d'une nouvelle façon, ce qui remet en question son choix de vie religieuse. Avide de mieux connaître le monde de la surdité, il décide de travailler au développement de services pour la communauté sourde. Il n'a jamais vraiment su ce qu'il voulait faire de sa vie, mais cette ouverture sur l'univers des sourds lui offre une mosaïque d'aventures. Jeune, il s'est toujours senti marginal, pas très sportif et s'intéressant peu aux conversations des autres élèves au collège. Minoritaires, les sourds lui ressemblent. Il est à l'aise dans ce groupe de « pas pareils ». De plus, sachant signer, il est un des rares à posséder la clé donnant accès à ce monde si particulier. Fréquemment, il se rend au Centre des loisirs de la communauté sourde, à titre d'observateur, pour en percer les mystères. C'est à cette époque qu'il fait une rencontre qui aura un impact déterminant sur le reste de sa vie.

Julie-Élaine Roy – un modèle de réussite pour les membres de la communauté sourde – revient au Québec après avoir achevé une maîtrise aux États-Unis. À la polyvalente Lucien-Pagé où elle enseigne, les élèves ne comprennent pas les signes américains qu'elle emploie. Elle intègre le groupe de Paul Bourcier, afin de se familiariser avec les signes en vigueur au Québec et, rapidement, ils deviennent complices. Lorsque Paul se joint à son tour au personnel enseignant de la polyvalente, les élèves sont persuadés qu'il est issu d'une famille sourde. Il est immédiatement accepté, s'exprime facilement et n'a pas à utiliser sa voix, convaincu d'être plus éloquent en signant, même si, à l'époque, on applique la méthode de la communication totale[53]. Ses collègues lui conseillent d'être sévère pour garder la mainmise sur sa classe, mais ce n'est pas dans sa nature. Paul ne tarde pas à remarquer que certains élèves signent en omettant totalement la voix et que leurs signes diffèrent de ceux qu'il enseigne. Ces élèves croient utiliser entre eux des signes bâtards, les véritables signes étant

53. Voir le lexique à la fin de l'ouvrage.

ceux qui sont en usage pendant les cours. Le midi, il déjeune avec les élèves, essaie de comprendre la structure de leurs phrases et de leurs échanges gestuels. Témoin attentif, il les imite, puis obstrue avec un carton la fenêtre de sa classe pour ne pas être découvert par les orthophonistes. Dès lors, il est convaincu que c'est de cette façon qu'il faut enseigner aux enfants sourds. Il se rend compte que l'utilisation exclusive des signes, sans support vocal, procure une plus grande flexibilité qui permet aux signes de se déployer dans l'espace et de se lier d'un mouvement à l'autre pour former des phrases claires et intelligibles. Paul explique aux élèves que c'est lui le handicapé dans cette classe d'adaptation scolaire, puisqu'ils peuvent tous se comprendre en signant à la vitesse de l'éclair, mais pas lui. Il obtient un succès phénoménal. Les élèves ne saisissent pas que des mots ici et là, mais bien l'ensemble d'une pensée. Devant Paul s'ouvre une nouvelle porte vers la compréhension du monde des Sourds.

Parallèlement, il suit avec Julie-Élaine Roy la formation *Method and material for Sign language teaching* à l'Université Gallaudet[54], laquelle confirme leur intuition que les signes utilisés par les élèves constituent une langue en soi. Au début des années 80, en compagnie de feu Raymond Dewar, un Sourd activiste mort tragiquement en 1983, ils décident d'écrire un livre qui répertorie les signes ... « québécois ». À la même époque, plusieurs étudiants sourds manifestent leur volonté d'aller au cégep, et de rester au Québec au lieu de s'expatrier aux États-Unis pour faire des études supérieures. En 1982, les trois acolytes mettent sur pied, avec des étudiants, le

54. L'Université Gallaudet de Washington est la seule institution d'enseignement supérieur réservée aux Sourds en Amérique du Nord.

service d'accompagnement pour étudiants sourds du cégep du Vieux Montréal. Devenu interprète, Paul a toujours soutenu ce groupe de sourds qui fait pression sur les instances gouvernementales pour obtenir des conditions propices à une meilleure qualité de vie pour ces étudiants. Les sourds ont trouvé en lui un être sensible à leur cause et lui offrent, du même coup, un nouveau souffle pour atteindre son objectif de se réaliser pleinement.

Récemment nommé coordonnateur, Paul Bourcier œuvre depuis plus de 20 ans au Service d'interprétation du cégep du Vieux Montréal, établissement qui a la responsabilité de dispenser des services d'accompagnement à tous les cégépiens de l'ouest du Québec[55].

Cet organisme a pris une ampleur considérable – depuis que les étudiants poursuivent leurs études dans les universités tant francophones qu'anglophones – et propose aujourd'hui une vaste gamme de services comme l'interprétation gestuelle (en LSQ ou en pidgin)[56] ou orale, et la prise de notes manuscrite ou électronique. Ces outils de communication permettent désormais à de jeunes sourds de rêver à des formations universitaires et même à des postes de cadre dans les entreprises québécoises.

Paul se définit comme un résident permanent qui gravite autour de la communauté sourde. Les Sourds l'identifient par le signe d'un poing qui touche le cœur. Cet ancien père trinitaire, élevé dans un milieu rural où tout le monde se connaissait, se sentant exclu à cause de son orientation sexuelle, a vite

55. Pour l'est du Québec, c'est le cégep de Ste-Foy qui est chargé d'offrir ce service.

56. Voir le lexique à la fin de l'ouvrage.

été accepté par les Sourds, cette minorité souvent isolée, tenue à l'écart par les entendants. Un jour ou l'autre, chacun fait face à la marginalité. Ce qui au départ nous semble un obstacle peut finalement s'avérer un avantage, une manière de se démarquer, une façon de se dépasser et de se réaliser. À la rencontre des Sourds, Paul a poursuivi sa quête de spiritualité en découvrant les richesses d'une langue harmonieuse et d'une communauté qui lui manifeste amour et respect.

Fière de sa langue

On les avait surnommés le « triangle des Bermudes ». Avec Paul Bourcier[57] et Raymond Dewar, Julie-Élaine Roy formait ce trio infernal qui portait bien haut le flambeau de cette langue naturelle des sourds québécois, qu'on nomme aujourd'hui LSQ.

Née en 1948 dans une famille entendante, Julie-Élaine a déjà quatre ans lorsqu'on découvre sa surdité à la suite de tests effectués à St-Jean-de-Dieu, un établissement pour malades mentaux où son grand-oncle est neurologue. Des complications à la naissance en seraient à l'origine. Sa mère est soulagée, sa fille n'est... que sourde ! Mais on lui explique qu'il s'agit du pire des handicaps, parce que c'est celui de la communication, et que c'en est déjà fini de la vie de sa fille alors qu'elle vient à peine de commencer. À son retour de la guerre de Corée, son père, militaire de carrière, installe la famille à Valcartier. L'intégration de Julie-Élaine à l'école du quartier étant impossible en raison des exigences de l'établissement, elle devra aller vivre

57. Voir l'histoire précédente.

à l'Institution des sourdes-muettes de Montréal. Dans ce pensionnat où l'on accueille les jeunes sourdes, l'utilisation de la langue des signes est interdite, à la différence de l'Institution des sourds-muets, où les garçons peuvent signer pendant les récréations. Une fille intelligente *se doit* de parler ; si elle signe, son sort est terrible. Les sourdes gestuelles sont reléguées au dernier étage du bâtiment de la rue Saint-Denis et n'ont aucun contact avec les autres pensionnaires, par crainte de *contamination*. Julie-Élaine est malheureuse. Sa mère vient la visiter le plus souvent possible, mais c'est une petite fille en pleurs qu'elle laisse derrière elle, à Montréal, lorsqu'elle doit rentrer à Valcartier. Julie-Élaine a beaucoup de peine, comme ces héroïnes de roman qui vivent de grands malheurs. Elle s'imagine en fille abandonnée par des parents qui ne l'aiment pas. Un vendredi, rentrant à la maison pour la fin de semaine, elle fait le voyage en autobus avec une compagne sourde, et, tout au long du trajet, elles n'oseront s'exprimer que par de *beaux sourires*, de peur d'attirer l'attention des passagers. Aujourd'hui, lorsqu'elle voit les jeunes signer spontanément et librement dans la rue, elle est fière de constater que les mentalités ont évolué.

Julie-Élaine a autour de 14 ans lorsque sa mère l'inscrit à des cours de diction. Elle lit de gros bouquins et répète les mots comme un perroquet sans saisir le sens des phrases qui s'enchaînent. Elle se sent prise dans un étau qui se resserre de jour en jour, totalement prisonnière, comme sourde au monde. Grâce à des cours privés, aux nombreuses conversations avec sa mère et sa sœur cadette, à la télévision, aux appareils auditifs et à la lecture labiale, elle réussit peu à peu à trouver ses repères et à construire ses propres références. Sans langage, elle en était incapable. Julie-Élaine vit enfin !

La mère de Julie-Élaine, qui a repris ses études en traduction à l'Université de Montréal, achète régulièrement le journal *The Gazette*, pour pratiquer l'anglais. Un jour, elle tombe sur un court article relatant l'histoire d'une fille sourde diplômée de l'Université Gallaudet à Washington. Elle veut offrir à sa fille cette possibilité d'ouverture sur le monde. Julie-Élaine prépare son admission à Gallaudet en suivant des cours d'anglais. Mais cela ne suffit pas, car elle échoue à l'examen d'entrée. Elle décide donc de s'inscrire au Centre Mackay où elle se perfectionne en mathématiques, en histoire et en géographie, dans la langue de Shakespeare. Au Centre Mackay, les signes ne sont pas tolérés en classe, on privilégie la parole. Ses contacts avec ses amies sourdes restées au couvent se font de plus en plus rares. Elle renonce à sa vie sociale pour se consacrer à ses études. Heureusement, sa sœur lui permet de vivre par procuration ; elle lui décrit ses sorties et ses aventures de jeune femme à la découverte de joies nouvelles. Lorsqu'on suggère à Julie-Élaine de poursuivre ses études à l'Université McGill, sa mère s'y oppose. Elle n'a jamais vu sa fille plus épanouie qu'en présence de sourds. Depuis 20 ans qu'elle vit *seule*, il est temps pour Julie-Élaine de prendre la voie du bonheur.

En 1969, elle réussit enfin son examen d'entrée à Gallaudet. Arrivée sur les lieux, elle pleure... de joie, et dans sa chambre, elle chante ! Elle se met à l'ouvrage, apprend la langue des signes, qu'on ne désignera par le vocable de *American Sign Language* qu'au début des années 70. Elle participe à de multiples comités et s'inscrit dans des fraternités. Elle milite notamment pour la qualité de la nourriture... qu'elle trouve infecte ! La pratique du bénévolat est un acte formateur, un élan du cœur qui lui servira tout au long de son parcours de vie. Elle obtient finalement un baccalauréat en histoire, puis s'inscrit à une maîtrise en enseignement dans le cadre d'un programme consacré aux aspirants professeurs pour enfants sourds au Western Maryland College, une institution pour entendants. Si elle n'avait pas fréquenté l'Université Gallaudet, Julie-Élaine est convaincue qu'elle se serait dissipée dans la brume, qu'elle n'aurait pas été capable de s'engager dans la communauté sourde, car aucune structure n'existait à l'époque pour les sourds au Québec ; ils devaient même émigrer pour poursuivre leurs études après le secondaire.

En 1974, la polyvalente Lucien-Pagé ouvre ses portes. Julie-Élaine y enseigne tour à tour l'histoire, la géographie et la culture sourde. Elle y restera pendant 18 ans. Puis, un jour, Paul Bourcier, son complice des premiers balbutiements autour de la langue des signes québécoise, vient la chercher. Nous sommes en août 1992, et Julie-Élaine accepte le poste qu'il lui propose au Service d'aide à l'intégration des élèves (SAIDE) du cégep du Vieux Montréal. Un service créé sur les instances de Michel Lepage, un étudiant sourd qui revendiquait des services permettant à ceux qui souhaitaient poursuivre leurs études de rester au Québec plutôt que d'émigrer. Il y a 21 ans, les modèles n'existaient pas, mais la demande était pressante.

Paul Bourcier, avec qui Julie-Élaine revient d'un séjour de formation en linguistique de la langue des signes à Gallaudet, insiste pour qu'on enseigne aux sourds en utilisant les signes de leur quotidien. Mais elle se demande si c'est une véritable langue. Elle réfléchit : à 32 ans, un entendant va-t-il lui dicter sa conduite ? La clique du triangle des Bermudes répertorie, en

1981, 800 signes, puis récidive en 1983, année du décès de Raymond Dewar.

Depuis, Julie-Élaine vit par et pour les sourds. Sans enfant ni mari, elle consacre toute son énergie à leur cause. Lorsqu'elle enseigne en communication et surdité au cégep du Vieux Montréal, elle signe, accompagnée d'un interprète. C'est un geste politique, un acte de confiance. L'interprète et le sourd doivent marcher main dans la main et le gouvernement du Québec, de son côté, doit reconnaître les besoins des sourds gestuels. Avant de devenir papillon, Julie-Élaine a vécu plusieurs transformations. De la parole à la LSQ en passant par le français signé et le pidgin, elle est restée fière d'être sourde. Elle s'est donné pour mission de convaincre les jeunes sourds que leur surdité n'est pas une tare, que tous les sourds peuvent prendre leur place dans la société et réussir leur vie à la condition de croire en leurs capacités.

Il aime le golf

Son frère est plus connu que lui. Dans les milieux branchés, il jouit même d'une grande réputation, sans doute liée à la bonne demi-douzaine de Jutra qui ont couronné son dernier film, *Un crabe dans la tête*. Si les cinéphiles sont nombreux à admirer son talent et ses images, peu d'entre eux savent qu'il profite de son flair de cinéaste pour faire connaître le monde des sourds, semant çà et là les graines de cette culture méconnue. Petit à petit, il a commencé à glisser des images de sourds dans ses réalisations. D'abord dans des vidéo-clips diffusés sur Musique Plus, puis dans *Cosmos*, un film à sketchs auquel ont collaboré différents réalisateurs. Son film à lui, « Un crabe dans la tête », situe l'action autour d'un sourd et de son interprète. Plus récemment, il a confié un rôle à une comédienne sourde gestuelle. Poursuivra-t-il l'aventure ? Vraisemblablement, car il admire son frère Alain, sourd profond de naissance, le dernier garçon de la fratrie, qui a monopolisé – sans malice – leur mère durant l'enfance et a su développer avec leur père une amitié peu commune, sincère et enviable. Nous aurions pu nous attarder sur les motivations cinématographiques d'André, le deuxième garçon de la famille, celui qui apprend la langue des signes québécoise pour mieux communiquer avec les sourds gestuels, mais nous avons choisi de raconter l'histoire du benjamin qui réussit sa vie dans l'ombre et qui alimente les scénarios du célèbre pelleteur d'images.

Il y a juste un an, Alain Turpin parcourait avec son père les dix-huit trous d'un terrain de golf irlandais. Il participait à Dublin au Championnat mondial de golf pour Sourds. S'il ne remporta pas la coupe, ce fut néanmoins une expérience inoubliable. Imaginez, sur un même site, des golfeurs sourds en provenance des quatre coins du globe, où cultures et langues gestuelles diffèrent et se croisent. Quoique parfois iconiques, il n'en demeure pas moins que les langues gestuelles sont des langues à part entière, au même titre que les langues orales. Il est aussi difficile pour un sourd québécois de comprendre un sourd japonais que ce l'est pour un entendant francophone de comprendre un Chinois. L'expression « une véritable tour de Babel » vaut aussi pour les Sourds en matière de langue. Mais entre ces sourds venus de partout, un code s'installa, et même s'ils s'exprimaient dans des langues gestuelles différentes, ils purent fort bien communiquer. Et ces rencontres à l'étranger sont autant d'occasions de faire connaissance et d'élargir ses horizons, surtout lorsqu'on se donne rendez-vous sur le terrain de golf d'une ville qui possède une histoire mouvementée, opposant sa communauté religieuse majoritaire (catholique) à la minoritaire (protestante, comptant pour 15 % de la population). Les sourds ne constituent-ils pas, eux aussi, une minorité dans notre monde entendant ? Mais lorsqu'ils se côtoient et que leurs mains dialoguent, ils surmontent les obstacles de la communication et nous invitent à entrer dans leurs danses au rythme de leur cadence. Quant au père d'Alain, il se sentit handicapé pendant une semaine, totalement plongé dans un autre monde, celui des Sourds et de leurs langues gestuelles. En admiration devant tous ces sportifs, et les émotions certainement chavirées, il en apprit plus en 7 jours sur son fils et son identité culturelle que depuis 30 ans à vivre à ses côtés.

Ce voyage cachait un autre aspect. En participant à ce championnat, le but premier d'Alain était de remercier son père qui l'avait toujours encouragé à se dépasser, à s'accepter avec ses forces et ses faiblesses et à vivre dans *notre* monde avec son handicap directement lié à la communication.

Alain n'a découvert son identité culturelle qu'à l'âge de 20 ans. Né dans la région de l'Outaouais, il est intégré aux entendants dès la maternelle. Il se souvient de ses nombreuses séances d'orthophonie et de ses fréquentes visites chez les spécialistes. Sa mère se voue corps et âme à son éducation. Alain apprend à parler, il doit maîtriser les langues française et anglaise, réussir en classe, terminer ses études collégiales. Il s'est fait de nombreux amis parmi ses camarades de classe et ses voisins du quartier. Mais un jour qu'on l'invite à une fête, il ne voit, en entrant dans la salle, que des Sourds, que des personnes qui communiquent dans une langue qui lui est inconnue. À force de gestes et d'expressions faciales, elles jasent, sans omettre les soupirs et les rires qui ponctuent toute conversation. Regroupés, les sourds le sont rarement. C'est sans doute ce qui les pousse à discuter, à argumenter et à échanger des heures durant sans laisser de répit à leurs mains, leur souffle de vie, car ils savent que demain ils retourneront dans le monde des parlants. Ému et ébranlé, Alain se retrouve pour la première fois parmi les siens ; c'est le début d'un processus qui le mènera sur le chemin de la découverte de sa propre identité. Il veut connaître cette langue gestuelle, l'histoire des sourds et leur culture. En repensant à des événements de sa jeunesse, il ressent de la frustration. Des souvenirs surgissent. Il se souvient des réunions, familiales ou amicales, où il ne saisissait que 20 à 30 % de ce qui était dit. On riait, on discutait, on s'amusait, tandis qu'il perdait le cours des échanges. C'est toujours comme ça : les gens parlent tous en même temps, tournent la tête, oublient qu'il y a un sourd parmi eux.

Alain décide d'apprendre sa langue naturelle – la langue des signes québécoise –, fait des allers-retours entre Ottawa et Montréal toutes les fins de semaine. Il se rend assidûment au Centre des loisirs des sourds de Montréal, se constitue un nouveau groupe d'amis et découvre une autre culture. Parce qu'il parle, on l'accuse d'être un faux sourd, mais cette étiquette qu'on essaie de lui coller disparaît rapidement. Faux sourd, qu'est-ce à dire ? Il n'est pas une personne entendante, ni un demi-sourd, ni un devenu sourd, ni un malentendant. Alain est un sourd culturellement engagé, ce que la communauté sourde comprend vite. Conscient des problèmes que vivent les personnes sourdes au quotidien, il se porte à la défense de leurs droits et intérêts et travaille à la reconnaissance de la langue des signes québécoise – langue unique aux sourds francophones du Québec – auprès des institutions qui nous gouvernent.

Alain est un battant. Il déménage à Montréal à l'âge de 21 ans et cumule plusieurs certificats – comptabilité, gestion d'entreprise et informatique de gestion–, décrochant ainsi un baccalauréat des HEC. Tout en étudiant à temps partiel, il travaille dans un établissement financier. Sensibilisée aux personnes sourdes, la Banque de Montréal l'accueille comme caissier, dans les années 90. On pose une plaque sur son bureau : « Bonjour, je suis une personne malentendante, je pratique la lecture labiale. S'il vous plaît, veuillez me parler de face. » Ses parents aussi ont toujours dit qu'il était malentendant. « Le mot sourd fait peur, gêne, dérange. Même dans les médias, on n'ose l'utiliser », confie Alain. Il sera affecté pendant trois ans à une succursale de St-Léonard – servant des membres de la communauté italienne qui ont le don de parler vite ! –, puis il ira travailler dans une agence de placement pour personnes handicapées. Il n'y restera que six mois, un cancer des ganglions – la maladie de Hodgkin – le forçant à subir des traitements de radiothérapie.

Après une longue convalescence, il entre à la Banque Nationale du Canada, pour un emploi d'été, en 1996. Il y deviendra analyste financier en fonds mutuels, puis analyste pour des projets spéciaux. L'an dernier, il a été promu agent d'administration pour les services fiduciaires. Il aime ce travail qui l'amène à rencontrer des préposés, des directeurs de comptes et de départements, etc. Lors des réunions importantes où se retrouvent les présidents et vice-présidents, un interprète se joint à lui, mais pour les rencontres en petits comités, il se débrouille seul, à la perfection.

Son sens de l'humour lui confère une aisance comparable à celle d'un équilibriste qui exécute une acrobatie sur une corde raide. Lorsqu'on lui parle, on ne sait pas qu'il est sourd ; lorsqu'il nous répond, c'est à s'y méprendre... mais d'où vient donc cet accent ? Il manie les langues orale et gestuelle sans complexe, se promène d'un monde à l'autre, d'une culture à l'autre et tient à offrir à ses deux jeunes enfants le bonheur d'être élevés dans une famille où la culture de leur mère et celle de leur père sauront se transmettre et enrichir leur patrimoine culturel. Sa conjointe, une entendante, connaît bien le monde des sourds pour y travailler, et c'est elle qui dit à Alain : « Tu parles trop avec les enfants, signe plus souvent ! » La culture, ça se transmet et s'enrichit entre nous et au contact de nos pairs. Et si son frère André veut tant communiquer cette culture méconnue du grand public, c'est parce qu'il partage souvent avec Alain le plaisir d'un bon film étranger sous-titré, et qu'ensemble, ils rêvent de tourner un long métrage entièrement signé en LSQ et sous-titré en français. L'heure où nous assisterons à cette projection est peut-être proche.

L'empêcheur de tourner en rond

Issu d'une lignée de marins, Gaston Forgues quitte la maison familiale de Lévis à l'âge de 14 ans pour naviguer sur le Saint-Laurent. Deux ans plus tard, une série d'événements le contraint à quitter le fleuve et à abandonner du même coup son rêve de devenir capitaine. Il déniche un emploi dans une entreprise qui exploite une chaîne de magasins de variétés, ce qui le conduit à parcourir le Québec et l'Ontario en tant que surintendant. En 1963, alors qu'il est installé à Toronto avec sa jeune épouse, son premier fils voit le jour. L'allégresse et la fierté qui s'emparent alors de Gaston feront vite place au désarroi chez ce nouveau père : au cinquième mois de vie de Daniel, on s'aperçoit que l'enfant ne réagit pas aux sons environnants. Gaston se rend à Québec pour faire examiner son fils par le Dr Fugère, un éminent oto-rhino-laryngologiste, qui confirme le diagnostic de surdité profonde. À la suite d'échanges avec des personnes liées au milieu de la surdité qui lui assurent que Daniel ne pourra apprendre deux langues, Gaston quitte le milieu anglophone et revient vivre à Québec. Nous savons tous aujourd'hui que cet axiome est erroné, puisque les sourds peuvent communiquer en plusieurs langues – orales et gestuelles –, ce qui était une donnée incertaine à l'époque. En effet, peu de services existaient pour les enfants sourds et leurs parents. L'Association du Québec pour enfants avec problèmes auditifs (AQEPA) se mettait en mouvement et s'orientait strictement vers l'oralisme, créant « des cages dorées pour les sourds », de dire Gaston Forgues qui ne craint pas la controverse.

Totalement déstabilisé, Gaston réagit mal à l'annonce du handicap de son enfant. À 20 ans, cet homme au tempérament orgueilleux et impétueux déjeune tous les matins au Château Laurier. Jusque-là, tout semblait lui réussir dans la vie, il était habitué au succès. La naissance de Daniel se veut donc un impitoyable verdict de défaite qu'il accepte difficilement. Son épouse, quant à elle, ne se laisse pas abattre par cette fatalité. Avec ses yeux de mère, elle ne voit pas son fils comme un enfant handicapé et, pour elle, sa surdité ne fait aucune différence. Elle accueille Daniel tel qu'il est, dans toute sa splendeur de « plus beau bébé au monde ».

Gaston, de son côté, part tous azimuts à la recherche de spécialistes. En France, il consulte le Dr Schwartz, l'inventeur de l'implant cochléaire. Insatisfait, il cherche au New Jersey et en Californie des réponses à ses attentes. Il se lance dans une véritable croisade, avec des moyens financiers à la hauteur de la potion magique qu'il cherche pour guérir la surdité de son fils. Au bout de deux ans, essoufflé par sa déroute, il fait le deuil de l'enfant *parfait*, et apprend à vivre avec l'idée que son fils sera sourd pour toujours. À un an, Daniel est appareillé conformément aux meilleures technologies offertes sur le marché. Mais l'enfant ne tolère pas les minuscules dispositifs auditifs, au coût de 20 $ l'unité, qu'il jette systématiquement par terre et qu'on doit continuellement remplacer. Il fréquente le Centre de l'ouïe et de la parole – qui n'existe plus aujourd'hui –, dont la mission est le dépistage précoce. Au bout d'un an, les Forgues apprennent qu'on ne peut rien faire pour améliorer le sort de leur fils, il restera sourd profond. De plus, il ne semble pas vouloir faire les efforts nécessaires pour apprendre à parler ; il signe naturellement et se sent à l'aise avec ce mode de communication. Pour dialoguer avec Daniel, madame Forgues apprend la LSQ, tandis que le père et le fils s'inventent un code, une sorte de *pidgin*, qui leur permet de se comprendre. Au moment où Gaston aurait pu étudier la LSQ, il ne l'a pas fait et, maintenant, il se sent trop vieux pour s'initier à une nouvelle langue. Néanmoins, Daniel et lui sont aujourd'hui au diapason, et communiquent parfaitement.

Cinq ans après la naissance de Daniel, les Forgues attendent un deuxième enfant. Le couple, qui avait effectué des recherches sur les causes de la surdité de leur aîné, était resté sans réponse quant aux risques liés à la surdité lors d'une nouvelle grossesse. Pendant que son mari s'ingénie à ouvrir des magasins pour la famille Steinberg, madame Forgues, enceinte, se berce en regardant par la fenêtre, inquiète. Mais ce second fils naîtra entendant. A-t-il souffert des excès d'attention dont Daniel a fait l'objet ? Sans doute, puisque toute la maisonnée s'est mise au service des sourds. Pendant 15 ans, des adolescents sourds viendront vivre au sein de la famille. Madame Forgues a même gardé jusqu'à cinq garçons à la fois, sans compter ses deux fils. Le cadet n'a eu d'autres choix que de suivre la trajectoire familiale, conscient du fait que la surdité de son frère aîné devait inévitablement influencer le mode de vie de ses parents.

Depuis de nombreuses années, Gaston s'est engagé dans le milieu de la surdité, présidant plusieurs conseils d'administration d'organismes voués à la cause des personnes sourdes. Personnage emblématique et parfois contesté pour son franc-parler et ses idées, il se rend compte qu'en dehors des centres d'accueil et de réadaptation pour personnes sourdes, il n'existe, à Québec, aucun service de dépannage direct pour les sourds. Selon lui, les sourds ne sont pas libres de choisir leurs services : les audistes[58] leur proposent en général des plans d'intervention qui sont à prendre ou à laisser. En juin 1984, Gaston met sur pied la Fondation des Sourds du Québec, un organisme qui offre des services d'accompagnement pour remplir différents formulaires gouvernementaux, institutionnels ou universitaires, et dépanne les sourds sans ressources financières. L'équipe compte 6 professeurs sourds qui enseignent la LSQ à près de 300 personnes chaque année dans la région de Québec, et la fondation emploie 125 personnes, dont 40 sourds. Plusieurs entreprises sont créées, comme l'Atelier des Sourds, la Boulangère sourde, un atelier de rembourrage, une ébénisterie ainsi que trois magasins de surplus de l'armée, dont un est situé à Montréal. La fondation organise des activités de financement et distribue ses profits directement aux sourds ou à des organismes qui œuvrent auprès des sourds. Parfois perçu comme le patriarche qui impose aux Sourds sa vision du monde, Gaston Forgues s'en défend, affirmant qu'il veut simplement les aider. Mais les Sourds revendiquent le droit de se prendre en main et de décider par eux-mêmes, ce qui explique sans doute les nombreux bras de fer qui l'opposent à certains activistes de la communauté. Cela dit, les objectifs de la

---

58. Voir le lexique à la fin de l'ouvrage.

Fondation des Sourds du Québec sont louables : reconnaissance de la langue des signes (LSQ) comme langue d'enseignement, création d'écoles et de services pour les sourds gestuels, sensibilisation de la majorité entendante à la cause des sourds.

Lorsque ceux-ci ont besoin de financement pour leurs activités, ils n'ont souvent d'autres choix que de frapper à la porte de la Fondation.

Après des études en administration à l'Université Gallaudet, Daniel a travaillé pendant un certain temps à la Régie de l'Assurance-maladie du Québec (RAMQ) sur le dossier des sourds. Depuis deux ans, malgré les protestations de certains Sourds à propos de son père et de la pertinence de sa Fondation, il agit en tant que directeur de l'organisme et assume peu à peu la relève. Cela fera taire ceux qui se plaignent du fait que l'organisme soit dirigé par un entendant.

Gaston Forgues s'est vu décerner de nombreuses récompenses pour son engagement auprès des sourds, notamment les prix du bénévolat du Canada et du Québec, la médaille du Gouverneur général du Canada et, en 2002, le prix Claire-Bonenfant pour ses valeurs démocratiques. Pourquoi autant de gratitude de la part des gouvernements, alors que les Sourds québécois attendent toujours la reconnaissance de la LSQ comme langue d'enseignement ? Pour celui qui a osé ouvrir le Collège des Sourds à St-Augustin – une école où les cours se donnaient en LSQ, mais dont les portes sont aujourd'hui closes –, quel paradoxe ! Dans le milieu, on murmure que le Collège a fermé suite à un manque de financement. Gaston réplique en attestant que le ministère de l'Éducation a octroyé un permis pour l'ouverture d'une école publique pour Sourds dans la région de Montréal, ce qui a entraîné la fermeture de son collège privé qui était éloigné de la région métropolitaine où les sourds sont statistiquement plus nombreux. Gaston, qui ne signe pourtant pas, n'en est pas moins un fervent défenseur de la reconnaissance de la LSQ comme langue d'enseignement pour les sourds gestuels. Il estime que si 85 % d'entre eux sont analphabètes, et que 80 % doivent se contenter d'emplois précaires, c'est qu'il doit y avoir un problème en matière d'éducation. Mais encore là, il ne fait pas l'unanimité, car certains Sourds voudraient bien être les interlocuteurs uniques du gouvernement dans ce dossier. D'un autre côté, Gaston n'est pas contre l'implant cochléaire, car il veut aussi donner une chance à la science. Le jour où les nouvelles technologies seront plus à point, peut-être verrons-nous le taux de succès de l'implant cochléaire suivre une courbe ascendante.

À la retraite depuis sept ans, Gaston Forgues a apprivoisé la surdité de son fils aîné. Cet homme d'affaires au caractère vif et fort n'a pas été très présent à la maison, occupé au développement d'entreprises ou siégeant dans plusieurs conseils d'administration. Aujourd'hui, il le regrette, car la vie n'a qu'un temps. Daniel est culturellement Sourd et Gaston a compris que la différence culturelle entre un Sourd et un entendant est indéniable. C'est pourquoi il consacre toutes ses énergies à réunir les fonds nécessaires à l'instruction des Sourds dans la langue de leur choix, afin qu'ils puissent un jour accéder à des emplois de qualité.

* * *

Le monde des sourds est un monde complexe et fascinant. Il est également parsemé d'entendants qui gagnent leur vie avec la surdité : fabricants de prothèses auditives, orthophonistes, audiologistes, oto-rhino-laryngologistes, psychologues, psychiatres, enseignants, intervenants, interprètes, preneurs de note, traducteurs du français sourd au français standard, etc. En termes économiques, c'est un marché de plusieurs milliards de dollars. Mais en bout de ligne, il ne faut pas perdre de vue qu'un sourd est avant tout un être humain. Qu'il soit oraliste ou gestuel, devenu-sourd ou malentendant, implanté ou sourd immigrant, nous avons une responsabilité sociale collective, celle de leur offrir de l'aide en fonction de leurs choix personnels. À l'ère des communications, l'époque de l'hégémonie culturelle est révolue. Nous n'avons jamais été autant assaillis par l'information, qui fuse de toutes parts. Les personnes qui présentent un déficit auditif devraient pouvoir être perçues comme des citoyens à part entière, se sentir libres d'agir selon leur préférence et obtenir des services à tous les niveaux.

J'ai délibérément choisi de partager ce livre avec Jules Desrosiers, chercheur Sourd. Il me semblait important qu'une personne sourde profonde de naissance et issue de parents Sourds, vous raconte sa vie en tant que Sourd et vous communique ses réflexions et ses préoccupations en tant qu'acteur social. Le respect de l'Autre passe également par le partage de points de vue parfois similaires, quelquefois différents. J'espère que ces quelques histoires de sourds vous auront rapproché de ces êtres merveilleux qui m'inspirent et me donnent envie de m'investir dans des mouvements où l'on prône le changement et l'acceptation de la différence.

Troisième partie

Le respect de la différence pour bâtir un monde meilleur

par
Jules Desrosiers

C'est au début de l'année 2003 que Marguerite Blais m'a demandé de participer à l'écriture de ce livre sur la vie des sourds, simplement en y racontant la mienne. J'ai accepté sa proposition avec plaisir, saisissant ainsi une occasion unique de revisiter en profondeur les différentes expériences qui ont forgé ma personnalité et, surtout, généré des convictions qui sont aujourd'hui au cœur de chacune de mes actions, tant sur le plan personnel que professionnel.

Après réflexion, j'ai opté pour un récit en deux parties. Je vais d'abord raconter comment, tout au long de mon parcours, se sont développées ma conscience et ma perception de la société. Dans la deuxième partie, je vous livrerai ma vision, en tant que personne sourde gestuelle, de ce monde dans lequel nous vivons. Nous verrons aussi que la Suède et la Finlande représentent des modèles d'avant-garde en matière d'éducation et de services sociaux dont il serait profitable de s'inspirer, et que le milieu associatif sourd québécois aurait avantage à suivre l'exemple de certains organismes comme l'Association des Sourds du Canada (ASC), le National Association of the Deaf (NAD) aux États-Unis, ainsi que la Fédération Mondiale des Sourds (FMS).

La plupart des faits marquants de ma vie sont liés à l'identité, la culture sourde et la langue des signes. En fait, j'insisterai sur cinq moments charnières, cinq *crises* qui ont particulièrement contribué à mon évolution intellectuelle et spirituelle, et qui se sont produites à l'âge de six ans, 17 ans, 23 ans, entre 28 et 30 ans et, finalement, à 33 ans. Cela dit, ce sont les prises de conscience faites à 23 et 30 ans qui ont eu l'impact le plus significatif sur mon parcours existentiel. Je parlerai de mes interactions, parfois positives, avec les entendants, mais aussi de mes frustrations devant le mépris de la langue des signes, et la banalisation, tant celle des décideurs que de certains membres de la communauté sourde et malentendante, de l'insistance des Sourds gestuels à faire valoir leurs droits. Je parlerai des combats qu'il faut mener pour obtenir des services d'adaptation gratuits et satisfaisants, et, enfin, de cette « étiquette » de personne handicapée ou de sourd-muet, car, il faut bien le dire, je suis différent, je fais partie d'une minorité, et c'est dans ce contexte que j'apprends à survivre et à rester positif.

Je suis né sourd de parents sourds en novembre 1956. J'ai d'abord vécu à Montréal, angle des rues Drolet et Faillon, jusqu'à l'âge de quatre ans, puis dans une petite maison de campagne à Saint Gérard-Magella, où nos voisins immédiats étaient, pour la plupart, des fermiers avec lesquels nous n'avions pas vraiment de contact. La langue des signes était le seul mode de communication que je connaissais puisque c'était celui qui était utilisé à la maison, tant par mes parents que par les oncles, tantes et amis, tous sourds, qui nous rendaient visite. J'ai donc grandi dans un milieu où la surdité et la langue des signes étaient des choses normales, et, jusqu'à mon entrée à l'école, vers l'âge de six ans, jamais je n'avais imaginé qu'un être puisse « entendre », puisque je ne soupçonnais tout simplement pas l'existence de ce sens appelé l'ouïe. J'étais loin de me douter que l'univers était peuplé d'« entendants », qui détenaient tous les pouvoirs. En effet, c'est en entrant au Couvent des sourdes-muettes de Montréal que j'ai eu la surprise de découvrir des femmes, vêtues de noir, qui semblaient se comprendre parfaitement, sans l'aide des signes, simplement en faisant bouger leurs lèvres. J'étais stupéfait !

Pendant les deux premières semaines, c'est la confusion totale dans mon esprit. Je vois bien que les religieuses *communiquent* à l'aide de ces articulations bizarres de la bouche et du visage, mais j'ignore que cela produit des *sons* organisés et structurés, comme les signes. Bref, je ne réalise pas encore qu'elles entendent et que je suis sourd. Je trouve simplement leurs comportements étranges. C'est lorsque débute mon « entraînement à la parole » que je comprends que quelque chose ne va pas. On commence par m'enseigner une à une les lettres de l'alphabet, que je dois apprendre à prononcer correctement. On répète sans fin les exercices, tant que ma prononciation n'est pas exacte. Moi, je ne vois pas pourquoi on m'enseigne tout ça, car, à l'époque, je n'ai pas encore compris qu'il s'agit des bases du langage que tout le monde utilise pour communiquer. Aussi je n'arrive pas à m'expliquer cette obstination à me faire apprendre quelque chose qui n'a pas la moindre signification pour moi. Évidemment, je me rebiffe, mais on me menace de me priver de récréation si je refuse de collaborer. Bien sûr, intérieurement, je ne suis pas d'accord, car mon sentiment d'identité est déjà bien développé, mais je suis un enfant de six ans et je ne sais pas encore que je peux remettre l'autorité en question. Je finis par céder et je fais les efforts demandés, mais je ne comprends toujours pas pourquoi je dois faire cet apprentissage... Jusqu'à ce que je me rende compte, dans l'autobus qui me ramène chaque soir chez une tante qui habite Montréal et où je demeure en pension pendant la semaine, que tout le monde sur la rue s'exprime comme les religieuses du couvent. Je subis alors un véritable choc, car je viens de comprendre que l'enseignement que je reçois a pour but de me « corriger », qu'il signifie qu'on me considère comme un être « imparfait », et que ma surdité, que j'avais considérée jusqu'alors comme une chose tout à fait normale, est un handicap. C'est la brutale révélation : « je ne suis pas comme les autres ! ». C'est mon premier contact avec *l'autre monde*. Je sais désormais qu'il y en a deux.

Ma langue maternelle étant la langue des signes québécoise (LSQ), le français est donc devenu ma langue seconde quand j'ai commencé à fréquenter l'école. J'ai vécu au couvent (Institution des sourdes-muettes) sur la rue Berri pendant deux ans, puis j'ai fréquenté le collège (Institution des sourds-muets de Montréal) sur le boulevard Saint-Laurent à compter de 1964. D'abord, je me suis conformé au modèle de mes parents sourds qui avaient eux-mêmes été élevés par les religieuses et religieux de ces deux établissements, où les pensionnaires étaient soumis à une discipline stricte et rigoureuse, les frères n'hésitant pas à frapper les élèves qui ne respectaient pas l'ordre établi. J'ai donc vite compris qu'il fallait être sage et obéissant. – Heureusement, vers 1972, le gouvernement a pris l'Institution en charge et, à compter de ce moment, les frères ont perdu les pleins pouvoirs –. Aujourd'hui, par contre, je me rends compte que j'ai appris des choses importantes au cours de cette période. En effet, j'y ai acquis et développé des valeurs que j'ai toujours conservées : le respect de l'autorité si elle est juste, ainsi que la conscience du fait que nos actes entraînent des conséquences. J'ai aussi appris l'importance du contrôle de soi, du sens des responsabilités et de l'esprit d'équipe, et j'ai tissé des liens solides avec mes pairs. Par exemple, lorsqu'on jouait au hockey ou à la balle-molle contre une équipe d'entendants, on voulait absolument les battre, on partageait un très fort sentiment d'appartenance à notre groupe. Je jouis encore aujourd'hui des bienfaits de cet héritage.

Né parmi mes *semblables*, j'ai tout appris de façon naturelle. Je me souviens que, dès mes premiers jours d'école, j'ai été étonné de découvrir que la majorité de mes pairs ne connaissaient rien, ou presque. J'étais beaucoup plus avancé qu'eux. Aussi, obtenir de bons résultats scolaires ne me demandait aucun effort, alors que mes compagnons de classe semblaient trimer si dur pour y arriver. À tel point que j'ai d'abord cru que j'étais très brillant, voire surdoué. J'ai compris plus tard que cette *supériorité* était simplement due au fait d'avoir été en contact, dès ma naissance, avec la langue des signes, ce qui m'avait tout simplement permis de me développer *normalement*. Ce n'était donc pas moi qui étais en avance, mais bien les autres qui accusaient des retards de développement cognitif et d'apprentissage. On abaissait sûrement le niveau du programme scolaire pour l'adapter aux enfants sourds ; cela aurait été parfaitement inutile si ces enfants avaient eu accès, dès la petite enfance, à une langue qu'ils étaient en mesure de « percevoir ». – Lorsque j'ai commencé à travailler en linguistique, 25 ans plus tard, j'ai constaté à quel point les enfants qui avaient été mis en contact avec la langue des signes dès leur plus jeune âge avaient plus de facilité à apprendre les matières générales. Souvent, les enfants sourds présentent des lacunes linguistiques ou intellectuelles, ou des troubles émotionnels simplement parce que leurs parents entendants ne communiquent pas avec eux à la maison. Je reste convaincu que l'éducation précoce en langue des signes est d'une importance capitale pour permettre à une personne sourde de bien démarrer dans la vie. Une fois la structure de sa langue naturelle maîtrisée, l'enfant sourd peut apprendre le français comme langue seconde, et se développer naturellement, comme un entendant. Aussi, je ne comprends pas pourquoi, dans les hauts lieux de l'éducation, on persiste encore aujourd'hui à nier le fait que la langue des signes est « la » solution aux problèmes d'apprentissage et de développement personnel, non seulement des enfants nés sourds, mais aussi de ceux qui le sont devenus avant l'acquisition de la parole. Elle assure une communication beaucoup plus complète et efficace que toutes les techniques compensatoires comme les aides auditives ou l'apprentissage imposé – et si peu naturel – de la parole. Avec sa langue visuelle, l'enfant sourd n'est plus handicapé.

Donc, arrivé à l'adolescence, je prends conscience du fait que je suis conditionné par les éducateurs. Ces derniers jouent un jeu psychologique avec moi, me menaçant de n'avoir ni travail ni avenir si je ne veux pas apprendre un métier et m'intégrer... Évidemment, on profite de ma vulnérabilité, on sait bien que je suis encore trop jeune pour me soustraire complètement à l'autorité. De mon côté, je sens qu'une partie fondamentale de mon être est niée, et mes actions sont dictées par la peur d'être rejeté ou de subir les reproches de mes parents. Les règles du jeu sont claires : dès le départ, l'éducateur entendant abuse de son redoutable pouvoir sur le jeune sourd ; il ordonne, sans jamais expliquer. L'élève se voit bientôt contraint à renoncer à sa personnalité et il perd de vue son moi véritable, parce que dans sa tête, il y a cette phrase qui le martèle sans cesse : « Tu es sourd, tu dois obéir aux entendants, eux savent. Toi, tu ne sais pas ». Dans un pareil contexte, plus l'enfant vieillit, plus il s'éloigne de lui-même.

J'ai maintenant 15 ans, je ne me préoccupe absolument pas de mon avenir. Je n'ai plus d'objectif, car mes rêves de devenir journaliste, reporter à l'étranger, ou encore cinéaste comme mon idole Orson Wells, sont anéantis. Plutôt que de m'encourager, on me reproche d'être irréaliste. On me répète à satiété que les sourds sont incapables de travailler comme les entendants, car « c'est très compliqué, il faut faire de longues études, et il faut surtout pouvoir "parler" et "entendre". Toi, tu ne peux pas travailler là-bas, tu es sourd et tu n'es pas capable de communiquer facilement avec les gens, tu dois en être conscient ». La conseillère en orientation de la polyvalente Lucien-Pagé Annexe, située angle des rues Rousselot et Jarry, me dresse la liste des seuls métiers qu'un Sourd peut exercer : imprimeur, rembourreur, ingénieur, cuisinier, mécanicien ou commis dactylo. Aucun de ces métiers ne m'intéresse. Il ne faut pas oublier qu'à l'époque, en 1974, il n'y a pas d'interprètes, de décodeurs ou d'appareils de télécommunication pour les sourds (ATS). Tout cela tue ma motivation et, à l'âge de 17 ans, je termine l'école des sourds. Comme je suis trop jeune pour le marché du travail et que je n'ai rien devant moi, au bout d'un certains temps on me propose de reprendre mes études, mais cette fois, en m'intégrant dans une classe d'entendants. J'entre donc à la polyvalente Lucien-Pagé en septembre 1974, où je vis l'intégration, sans interprète, pendant deux ans. En fait, nous étions deux étudiants sourds sur lesquels on « expérimentait » l'intégration.

J'ai 18 ans lorsque, peu avant le Congrès mondial des Sourds de 1975, ma mère apprend l'existence du collège Gallaudet à Washington, D.C. Je n'ai jamais entendu parler de ce collège jusqu'à ce jour. Curieusement, on ne m'en a rien dit, ni à la polyvalente Lucien-Pagé ni à l'Institution des Sourds de Montréal. Ma mère se désole de ne pas avoir connu plus tôt l'existence de cet établissement unique en Amérique, car elle sait bien qu'il est trop tard pour moi, que j'ai été *brûlé* par l'intégration sauvage, sans interprète, que j'ai vécue pendant deux ans. J'ai perdu le goût des études et je n'ai qu'une envie : voyager et découvrir le monde. Il ne faut pas oublier que j'ai commencé à traverser ma crise d'adolescence à l'époque des Beatles, de l'Expo 67, du « Vive le Québec libre ! » de Charles de Gaulle, de la révolution culturelle en France, de mai 68, des hippies, de Pierre-Elliott Trudeau, de la création de la Souveraineté-Association par René Lévesque, de l'arrivée imminente du Parti Québécois, des manifestations américaines contre la guerre du Vietnam, des assassinats de Martin Luther King et de Robert Kennedy, de l'invasion de la Tchécoslovaquie par la Russie et du premier homme sur la Lune. Tous les jours, les nouvelles me heurtent en rafale, et je veux être partie prenante de cette effervescence planétaire.

J'ai besoin de liberté, d'avoir raison, mais mes supérieurs, notamment mes parents, ne veulent pas discuter et tentent de me persuader que la seule solution pour un Sourd, c'est d'« accepter ». Cela me frustre, me met en colère, et je décide de défier l'autorité. Ma mère, inquiète, se rapproche de moi ; elle veut comprendre ce qui m'arrive. Elle me pousse à réfléchir et à découvrir peu à peu une partie de moi qui était enfouie dans mon inconscient. Aujourd'hui, je ne peux blâmer mes parents, même si, à l'époque, ils ont provoqué ma révolte. Ils n'étaient pas très instruits – ma mère avait une quatrième année, et mon père, une septième – mais ils avaient du cœur et ont toujours été généreux à mon égard. En outre, malgré leur surdité et leur faible scolarité, ils se sont fort bien débrouillés dans le monde entendant : ils étaient propriétaires et ils savaient s'y prendre pour argumenter. Durant toute mon enfance, je les ai vus se prendre en main et se *démener* pour bien gérer notre vie. Souvent, ils utilisaient l'écriture pour communiquer avec les entendants. Généralement, ils s'en tiraient plutôt bien, mais si ça ne fonctionnait pas, ils sollicitaient en dernier recours l'aide d'un parent, d'un ami ou d'un voisin qui agissait alors comme *Avocat*. J'ai beaucoup d'admiration pour la débrouillardise dont ils ont fait preuve à une époque où il n'y avait pas de service d'interprétation.

Mes parents ont donc été d'excellents modèles pour moi. Je me disais que ce qu'ils avaient accompli, je pouvais le faire aussi. C'est pourquoi j'ai toujours essayé de me débrouiller seul, ne voulant pas passer ma vie à dépendre des autres ou à me plaindre du manque de ressources. Cela dit, il ne faut pas croire que tous les Sourds ont la même chance que moi. En fait, je suis une exception. Je sais trouver mille et un moyens pour me sortir d'une situation difficile, je ne manque pas d'imagination et je sais tirer profit de ce qui est à ma disposition. Malheureusement, la majorité des Sourds ne s'en tirent pas aussi facilement. Il faut les écouter, car ils ont raison de se plaindre. En fait, près de 90 % d'entre eux n'ont pas eu la chance de naître dans une famille sourde et d'être élevés dans la langue des signes avec des adultes qui leur *ressemblent*. Cela fait toute la différence dans le développement d'un individu. Il est donc normal qu'ils aient besoin de plus de services d'adaptation pour la communication et l'accès à l'information.

Mais revenons aux raisons de ma révolte d'adolescent. Comme je le disais, on m'a répété maintes et maintes fois que je devais m'accepter tel que j'étais et essayer de vivre tant bien que mal dans la société entendante. Dans la culture sourde, on apprenait qu'on ne pouvait pas faire ce qu'on voulait puisqu'on n'entendait pas et qu'il fallait accepter certaines limites, notamment sur le choix d'un métier. Je trouve malheureux que nous ayons été conditionnés par ces faussetés. Je n'ai jamais cru que j'étais une personne handicapée et je ne peux pas vivre avec cette idée, car ma vie n'aurait pas de sens. Je me suis révolté parce que j'avais besoin de trouver un sens à ma vie en tant que Sourd, peu importe ce qu'on en dirait.

Avant de connaître une nouvelle *crise* à 23 ans, je vivais presque exclusivement avec les Sourds. Mais à partir de ce moment, j'ai senti que je devais passer à autre chose. Je ne voyais pas ce qu'ils pouvaient m'apporter de plus et j'avais l'impression que mon évolution culturelle et sociale plafonnait. Voyant que ma vie stagnait, j'ai commencé à ressentir une pression intérieure. Je me sentais prisonnier, j'étouffais littéralement. Jeune et plein d'idées, j'avais besoin de liberté, de nouveaux défis. Pour la première fois, je me rendais compte que ma vie avec les Sourds ne comblait pas toutes mes attentes. D'autre part, jusqu'à mes 23 ans, j'avais observé, analysé et même expérimenté les divers modèles des adultes entendants, mais en vain. On m'avait empêché de développer mon « moi », et ce « moi » était en perpétuel conflit avec le reste du monde.

Pendant cette période, j'ai ignoré totalement la langue des signes et la culture sourde. C'est peut-être à ce moment que s'est déclenché mon réveil intérieur...

J'ai donc décidé de tout laisser tomber: mes relations, mes amitiés, mes activités, ma recherche d'emploi, etc. En fait, pendant environ 12 ans, soit entre 20 et 32 ans, je suis parti à l'aventure dans l'Ouest canadien, aux États-Unis et en Europe, sans but précis, pour m'amuser et satisfaire ma curiosité. Je me suis beaucoup promené: j'ai séjourné trois fois à Gaspé, j'ai passé six mois à Toronto, un an à Vancouver, deux ans à Québec, un an à Hull. Je suis aussi allé cinq fois en Europe, dont un séjour de trois mois, et une ou deux fois par année aux États-Unis. Je suis heureux d'avoir fait tous ces voyages, mais à présent, je sais que je vais finir mes jours au Québec. Si j'étais né dans les années 70 ou 80, ma vie aurait été différente puisque, à mon époque, comme je l'ai déjà mentionné, on n'avait pas accès aux services actuels. Mais c'était mon destin, et je ne regrette rien, même si, aujourd'hui, je dois courir pour rattraper le temps perdu. Pour l'heure, j'apprécie ma situation, et je préfère concentrer mes efforts sur le présent et le futur plutôt que de pleurnicher sur mon passé. Je ne me suis jamais pris au sérieux, mais j'ai toujours cherché à donner un sens à ma vie et à trouver ma place en ce monde. J'ai souvent dû tout remettre en question pour m'ajuster aux changements qui s'opéraient en moi et autour de moi.

Cela dit, l'événement le plus marquant de ma vie aura certes été la découverte de la culture sourde. En 1979, je suis parti pour Vancouver dans le but d'apprendre l'anglais, croyant que, si j'y arrivais rapidement, peut-être pourrais-je aller au Collège Gallaudet. Malheureusement, j'ai vite déchanté et quelques mois plus tard, je réalisais que je n'étais pas à ma place dans un milieu anglophone. C'est à ce moment que je me suis rendu compte que j'étais amoureux de la langue française, et c'est aussi au cours de cette période que j'ai appris qu'il existait bel et bien une « culture sourde ». C'est Serge Brière, un Québécois exilé à Vancouver depuis quelques années, qui a été le premier à m'en parler alors que j'avais 23 ans. Mais, sur le coup, je n'ai pas très bien saisi la signification profonde du terme « culture sourde ». Au bout d'une année, je suis revenu à Montréal. J'ai fait la connaissance de diverses personnes, et ce n'est que sept ans plus tard, à l'âge de 30 ans, que j'ai enfin compris, puisque, d'une part, on ne m'en avait jamais parlé à l'école, et, d'autre part, très peu de gens au Québec étaient conscients de cette réalité. C'est pourquoi j'ai mis tant de temps à bien comprendre ce concept et à l'intégrer.

Pour tout dire, j'ai vécu, à 23 ans, une véritable crise existentielle. Je ressentais un grand vide intérieur et je cherchais le moyen de construire mon identité. Personne ne pouvait m'aider, me comprendre. Il m'a fallu quatre à cinq ans pour me stabiliser. Enfin, je voyais ma vie se transformer lentement, je nourrissais mon esprit, je sentais que j'évoluais. J'ai compris par la suite qu'une crise est la désintégration d'une structure et que toute crise doit être traitée comme une confrontation constructive, nécessaire au développement de tout individu. Ce fut une période très positive, car je me percevais plus *normal*, plus confiant, voire égal aux entendants, et, à partir de ce moment, je me suis accepté tel que j'étais, je me suis senti de plus en plus fort. Presque quotidiennement, je m'étonnais d'apprendre, de découvrir des choses nouvelles ; je me transformais maintenant à une vitesse inouïe.

Puis, vers l'âge de 28 ans, une réalité s'impose brusquement : le problème de la communication. J'ai clairement découvert mon identité : « je suis une personne sourde », et je comprends alors que cela m'impose des limites que mes parents et amis m'ont souvent décrites, mais que je n'ai pas prises au sérieux. Je suis de plus en plus conscient de ce que je suis, de ce que je deviens et de ce qui m'entoure. Avant ma véritable rencontre avec les entendants (vers 23 ans), j'avais toujours cru que ce serait facile pour moi, que je n'aurais aucune difficulté à me trouver un travail, à obtenir des promotions, etc. Mais après avoir tenté de m'intégrer à la société, je devais me rendre à l'évidence : ma surdité faisait surgir de nombreux obstacles sur ma route. Non seulement ma surdité, mais aussi les conflits reliés à ma culture, si différente de celle des entendants. Je pouvais m'en rendre compte lors de mes contacts avec les gens de l'Institut Raymond-Dewar, les représentants gouvernementaux, les interprètes et les familles de mes copines de l'époque.

Je suis d'accord avec Artaud[59] lorsqu'il dit : « C'est en contact avec la culture que l'individu prend conscience de lui-même et c'est sur le modèle de la personnalité de base qu'il commence à structurer son moi. (...) L'enfant a besoin de normes culturelles pour donner à l'image naissante de son moi la première structure indispensable à ses développements ultérieurs. (...) mais (il ne doit pas) renier toute cette part de lui-même que la culture juge inacceptable. Le modèle culturel devient alors pour lui une entrave en limitant gravement ses possibilités d'actualisation. ». Si quelqu'un ne peut plus fonctionner dans une structure aliénante, il doit, pour s'en sortir, la

59. Artaud, G. (1985) « Un modèle culturel appauvrissant », dans *L'Adulte en quête de son identité*, Presses de l'Université d'Ottawa, p. 21.

faire éclater. J'ai donc beaucoup réfléchi, et cherché un moyen de libérer les sourds du contexte culturel appauvrissant dans lequel ils vivaient. J'étais convaincu qu'il était possible d'améliorer notre condition et de changer notre mode de vie. Je voyais la technologie évoluer sans cesse : on a assisté à l'apparition de l'ATS, du décodeur, des services d'interprétation, etc. Ayant eu la chance de découvrir mon identité par moi-même, je trouvais dommage de voir certains de mes pairs *condamnés* à passer leur vie sans savoir qui ils sont vraiment. Sans une image claire de soi-même, on ne vit qu'à moitié, et la personnalité, au lieu de s'épanouir, s'éteint lentement. Un grand nombre de personnes sourdes sont dans cette situation et ont besoin d'aide. J'ai trop vu mes parents réprimer leur véritable personnalité afin de « plaire » à la société, pour pouvoir gagner leur vie et se faire respecter. Ma mère, notamment, a vécu très difficilement sa condition de sourde. Elle m'a maintes fois répété qu'elle n'était pas bien dans sa peau et qu'elle ne parvenait pas à se définir sur le plan individuel. Je me suis souvent demandé si cet état de perpétuelle frustration pouvait être à l'origine du cancer qui l'a emportée, il y a quelques années.

Selon moi, on peut développer une manière d'être envers soi-même ; cela suppose une intériorité, une prise de contact avec son moi. Le problème, c'est que trop d'adultes sourds ont développé une manière d'être aux autres plutôt qu'une manière d'être à soi. Adolescent, je m'identifiais soit à un grand personnage, à une vedette ou à un leader de la politique, et je puisais en eux mes ressources. Je ne savais trop ce que je voulais, tant dans mon cœur que dans ma tête. J'ai regardé, comparé, puis choisi ce qui me convenait le mieux, et j'ai réalisé qu'il y avait différentes personnes en moi, mais que j'étais unique et original comme chaque être humain. Après la découverte de mon moi profond, je me suis rajusté pour rebâtir, *rapiécer* mon identité ; j'ai consacré beaucoup de temps à la lecture et j'ai analysé les écrits. Il m'a fallu cinq ans pour m'affirmer, car à l'époque, j'étais plutôt *flyé*, j'avais découvert mon « ego » et je me sentais plus près de Dieu. Mais je me trompais, je me suis bientôt rendu compte que je n'avais toujours pas une idée claire du rôle que je désirais jouer dans ma vie et je suis retombé les deux pieds sur terre.

Je constatais que je n'avais pas encore trouvé ma véritable place dans la société. Cette dernière me renvoyait une image assez troublante de moi-même, que je n'arrivais pas vraiment à accepter ni à respecter. Aussi, je n'avais pas encore une idée précise de ce que je voulais faire comme travail. J'étais entré dans une société que j'idéalisais. Mes excuses pour ma naïveté ! Je me suis plutôt retrouvé dans un monde de consommation, de compétition, de richesse, de faux-semblant et d'abus, où il était même permis d'écraser son voisin, au besoin. J'étais confus devant toutes ces valeurs hypocrites auxquelles je refusais d'adhérer et j'ai pris mes distances pour mieux pouvoir observer ce monde tout en soupesant mes forces, mes capacités, mes faiblesses et mes limites. Je cherchais mon équilibre dans cette société. Je ne voulais surtout pas être aliéné par elle. Puis, peu à peu, j'ai dû admettre que l'argent était le seul maître à bord et qu'il fallait suivre les dictats d'un système qui se voulait parfait et indiscutable.

C'est à cette époque que j'ai commencé à entrevoir un but, mais je me suis retrouvé devant un choix difficile : ma satisfaction personnelle ou le bien-être de ma communauté. Je devais évidemment gagner ma vie, mais je sentais que mon devoir était d'aider les Sourds à améliorer leur condition. Ma mère m'avait enseigné qu'il fallait toujours penser en fonction de nos pairs, des besoins collectifs. J'étais donc coincé entre eux et moi, car, depuis mon enfance, j'avais toujours été fier de ce que j'étais, de mes parents, de mes camarades à l'Institution. La culture sourde était omniprésente dans mes pensées, elle dictait mes comportements, elle régissait mes habitudes de vie.

À l'âge de 27 ans, je décroche un contrat d'une durée de sept mois avec le gouvernement fédéral. C'est la première fois que je travaille pour la communauté sourde. Il s'agit d'un emploi de conseiller dans un projet de préparation au marché du travail, adapté aux Sourds. C'est un de ces projets où les entendants décident de ce qui est bon pour les personnes sourdes. Je ne suis alors qu'un débutant et, bien entendu, ce sont toujours les entendants qui ont le dernier mot. En vérité, ce travail ne m'apporte pas une réelle satisfaction. Trois mois plus tard, je suis admis au cégep de Sainte-Foy, mais je ne complète pas mon DEC, j'abandonne avant la fin, car les cours m'ennuient et ne m'apportent rien de neuf. Imaginez, cela fait déjà dix ans que je parcours le monde, et je me retrouve assis au milieu d'une bande de jeunots qui sortent à peine du secondaire. Un jour, une professeure me traite comme un ignorant devant la classe. Je n'apprécie pas et je porte plainte auprès du conseiller pédagogique qui me dit : « Ça n'a pas d'importance, oublie ça ». Mais je ne le digère pas. Quelques jours plus tard, j'en viens à la conclusion que je perds mon temps, et je plie bagages. Il y a cependant un élément positif à retenir de cette période, car, en tant que président de l'association des étudiants sourds du cégep, je réussis à convaincre la direction de donner aux sourds accès à tous les cours menant à l'obtention du diplôme d'études collégiales (DEC), un droit qui, jusqu'alors, leur a toujours été nié. On les croit incapables de suivre les cours de français et de philosophie, le français écrit étant apparemment trop difficile pour eux, et la philosophie trop abstraite. Mais il se trouve que ce sont deux matières obligatoires pour l'obtention du DEC, qui est la seule porte d'entrée pour l'université. Je me sens insulté et je trouve absurde que l'on considère que le cerveau des étudiants sourds est différent de celui des entendants. Il ne fait aucun doute qu'il y a préjudice envers les personnes sourdes. Je décide donc de confronter les autorités et de contester cette mesure. Fort de l'appui unanime des étudiants sourds, j'envoie une requête officielle à la direction de l'établissement avec copie conforme à la Commission des droits de la personne. Voyant cela, les autorités du cégep réagissent promptement et acquiescent à nos revendications. C'est ma première victoire comme défenseur des droits des Sourds et j'en ressens, encore aujourd'hui d'ailleurs, une grande fierté. À partir de ce moment, j'ai vraiment la piqûre, le goût de me battre aux côtés des Sourds pour améliorer leur qualité de vie et faire respecter leurs droits. J'ai découvert ma nouvelle vocation, je sais que je vais dorénavant mettre mon énergie et mon talent au service de la communauté sourde.

Vers l'âge de 30 ans, à nouveau Montréalais, je m'implique de plus en plus politiquement pour le bien de la communauté sourde. Je participe à un projet d'implantation d'un service d'interprétation – un peu comme le SIVET, qui a vu le jour cinq ans plus tard – pour l'Association des Adultes avec Problèmes Auditifs (AAPA), sous la direction de Jean Davia, mais le projet échoue. Puis, la Fondation des Sourds du Québec me propose de travailler comme accompagnant auprès des personnes sourdes, mais après quelques mois, mon superviseur est en conflit et avec la direction et avec le milieu associatif. Il est remercié, et comme c'est lui qui m'a embauché, je dois partir aussi. Puis, au printemps de 1988, Serge Brière me recommande à Laura Ann Pettito, de l'Université McGill, qui m'embauche pour diriger, pendant quelques mois, le laboratoire « Langage, signes et processus cognitifs » au département de psycholinguistique. Quelques semaines plus tard, on apprend qu'il y a un mouvement de révolte au sein des étudiants de l'Université Gallaudet, provoqué par le fait qu'on veut nommer un entendant à la direction de l'établissement, ignorant la candidature d'une personne sourde qui possède toutes les qualifications requises pour le poste. Je me rappelle que pendant cette semaine du mois de mars, je suis avec excitation les nouvelles qui nous parviennent quotidiennement sur le déroulement de la révolte. Serge et Laura Ann me font un résumé quotidien des événements qui se concluent par la victoire des étudiants sourds – et, par le fait même, de l'ensemble des personnes sourdes – contre l'establishment de l'institution. C'est un véritable choc pour moi, un tournant aussi inattendu qu'exaltant. Je suis de plus en plus conscient de la capacité des Sourds de renverser la situation, de se libérer de la mainmise des entendants.

Depuis 30 ans, je suis confus intérieurement, car, d'une part, on m'a toujours répété que j'étais Sourd donc imparfait, et que je ne pouvais pas gravir les échelons comme les entendants ; mais, d'autre part, j'ai l'intime conviction que je suis une personne normale, compétente et en pleine possession de ses moyens. La révolte, puis la victoire des étudiants de Gallaudet viennent confirmer que j'ai raison. Aussitôt, je comprends que j'ai la culture sourde en moi depuis ma naissance, et je maudis les entendants qui m'ont empêché de vivre comme je le voulais. Maintenant, c'est décidé, je vais me battre pour ma communauté. Je cours chez mes parents leur annoncer la bonne nouvelle au sujet de l'Université Gallaudet, mais ils restent indifférents. Je suis déçu et j'ai de la peine, car j'ai l'impression qu'ils ont perdu leur fierté. J'enrage. J'en ai assez. Depuis toujours, les Sourds ont enduré leur situation d'infériorité et d'exclusion, ne trouvant rien de mieux à faire que de se plaindre entre eux lors de leurs nombreuses rencontres au Centre de loisirs des sourds de Montréal (CLSM) ou lors des fêtes familiales ou communautaires. Il faut que les choses changent, il faut le dire haut et fort aux entendants au lieu de rester cachés dans notre milieu fermé et sans espoir. Les Sourds doivent croire qu'ils peuvent vivre au maximum et avoir accès au meilleur de ce que la vie peut offrir. Ils doivent cesser de se considérer comme une communauté de seconde classe. J'essaie d'expliquer cela à mes proches, aux gens du milieu, mais, bien sûr, ils sont sceptiques. Cela me décourage par moments, mais je reste intimement convaincu qu'un jour, ils vont comprendre que la seule solution est de préserver notre identité et notre fierté culturelle par le biais de la langue des signes. C'est un défi énorme, car beaucoup de Sourds ont perdu la foi et sont devenus des *suiveurs* ; ils ont occulté leur personnalité, leurs droits et leurs besoins. J'ai pu constater, en observant ma famille et mon entourage, qu'une majorité d'entre d'eux ne connaissent pas théoriquement la culture sourde, mais la vivent au quotidien sans nécessairement en être conscients. C'est normal, on ne leur en a jamais parlé, ni à l'école ni dans leur famille.

La culture sourde, c'est une expérience de vie basée sur la perception visuelle et spatiale. Dans ce contexte, le Sourd ne se sent plus handicapé et vit normalement grâce à la langue des signes, et, par elle, peut influencer les idéologies, les valeurs, les règles de comportement, les traditions, etc. La langue des signes et la culture sourde sont intimement liées, l'une étant le véhicule de l'autre. Puisque la langue est visuelle, elle est au centre non seulement de l'identité des Sourds de naissance, mais aussi de leurs comportements quotidiens, de leur mode de vie, de leur pensée qui évolue dans l'espace nord-américain. Je crois que les Sourds peuvent aspirer à une vie normale tout en étant conscients qu'ils forment une minorité linguistique, mais sans se faire imposer des habitudes de vie qui ne leur conviennent pas. À partir de cette découverte, j'ai ressenti une paix et une force intérieures, et j'ai commencé à vivre en accord avec moi-même. Dès lors, j'étais prêt à me défendre, et à défendre ma communauté.

C'est vers l'âge de 33 ans que j'entre dans la dernière étape charnière de ma vie. J'étudie à l'Université du Québec à Hull (UQAH) et je travaille à l'UQAM avec la linguiste Colette Dubuisson qui y dirige un groupe de recherche sur la LSQ. Je vais d'abord parler de mes études universitaires. Peu avant mon entrée à l'UQAH, je rencontre par hasard deux sourdes que j'avais connues au secondaire et qui me racontent qu'elles vont à l'université et obtiennent des notes de plus de 60 %. Ça pique mon orgueil, car j'ai toujours été mieux classé qu'elles à l'école. Ça n'a pas de sens pour moi que ces deux filles réussissent à l'université, alors que je croyais ne jamais pouvoir y mettre les pieds. Par ailleurs, on m'a toujours répété qu'il fallait détenir un diplôme pour gagner le respect des autres et obtenir des promotions au travail. Ce sont les deux motifs qui me poussent à entrer à l'université. Au début, mon seul souci, c'est la qualité de mon français écrit, car je sais que je risque d'être évalué sur ce critère et non sur ma réelle compétence. Je dois parfois recourir à l'aide d'un entendant pour corriger mes travaux avant de les remettre aux professeurs ou de les diffuser dans certains médias. Cela dit, mes connaissances et mon expérience compensent et je n'ai aucune inquiétude quant à ma capacité de répondre à toutes les questions, de défendre mes idées. De plus, je sais que je peux avoir accès à un service d'interprétation, alors je saute sur l'occasion. Cinq ans plus tard, j'obtiens un baccalauréat en sciences sociales (concentration: psychologie sociale, écologie sociale, sociologie et animation). Je savoure ma revanche sur ceux qui m'ont dit que je n'avais pas d'avenir. Certains, voyant que j'ai de très bonnes notes, m'encouragent fortement à poursuivre jusqu'à la maîtrise, mais je n'en ai pas envie pour le moment. En réalité, ce qui me satisferait le plus serait de trouver un travail en lien avec l'amélioration de la qualité de vie de la communauté sourde, où mon talent et mon savoir seraient mis à contribution. Pour moi, le diplôme n'était pas un objectif mais bien un outil qui pouvait me permettre d'accroître ma crédibilité.

Puis, au cours de l'année 1990, peu après le décès de ma mère, je commence à travailler au département de linguistique de l'UQAM où je serai pendant deux ans, sous la direction de Colette Dubuisson, assistant de recherche sur la langue des signes, l'histoire des Sourds et la culture sourde. Mme Dubuisson me demande de concentrer mes recherches sur l'évolution de la langue des signes québécoise à travers le temps ainsi que sur l'histoire de l'éducation des Sourds au Québec. Pendant cette période, je me découvre une nouvelle passion pour l'histoire des Sourds et la culture sourde. Je subis un choc en apprenant qu'au cours de l'histoire, on a tenté plusieurs fois de supprimer la langue des signes. Je ne comprends pas pourquoi on détestait tant notre langue, je ne trouve pas d'explication logique. Aussi, je suis choqué d'apprendre que certains médecins, dont le plus connu est le Dr Itard (1880), ont essayé de corriger des problèmes auditifs en se livrant à des expériences qui ont laissé des personnes sourdes atrophiées, et même, dans certains cas, causé leur mort. Cela me bouleverse de constater que personne, à cette époque, n'a réagi. Heureusement, il y a une exception, Ferdinand Berthier, un Français sourd qui s'élève contre le Dr Jean-Marc Itard pour défendre nos droits et notre dignité. Grâce a lui, ces expériences n'iront pas plus loin. Je lis sans fin tous les documents qui me tombent sous la main pour en savoir toujours plus, et je suis de plus en plus dévoré par cette passion pour l'histoire des Sourds. Finalement, je prends connaissance de l'histoire récente, de l'avènement de l'implant cochléaire et de la politique d'intégration des élèves sourds dans les classes d'entendants. C'en est assez !

Je constate que l'establishment entendant veut vraiment changer la nature des personnes sourdes. Tout est permis, peu importe ce qu'en pensent les Sourds. Je médite beaucoup sur notre langue des signes, je cherche à comprendre ce qui se passe, pourquoi les décideurs entendants sont toujours contre nous. Après mûres réflexions, j'acquiers la conviction que c'est inacceptable et que les Sourds ont parfaitement raison de vouloir se défendre. Ce n'est pas qu'ils soient paranoïaques ou fanatiques, mais ils n'acceptent plus d'être opprimés. Les décideurs nous écoutent rarement ; ils n'ont jamais essayé de comprendre pourquoi nous manifestions contre leurs politiques. À preuve, où trouve-t-on les points de vue des personnes sourdes ? Nulle part ! Que ce soit dans le milieu de l'éducation ou dans le domaine médical, on ne voit aucune personne sourde occuper un poste le moindrement élevé dans la hiérarchie. Bien sûr, les intervenants nous disent toujours qu'ils veulent notre bien et nous donner la possibilité de vivre comme eux, mais ils vont de l'avant et poursuivent leurs expérimentations sur les personnes sourdes sans les consulter sur les programmes d'éducation qu'ils leur imposent, les heures d'entraînement à la parole et à l'audition, ou le développement de l'implant cochléaire.

Selon moi, c'est une erreur de jugement. Pourquoi entretiendrait-on alors notre belle langue des signes depuis l'Antiquité ? Tous les Sourds l'apprennent spontanément et la développent par le contact avec leurs pairs sans le moindre effort, puisque c'est une langue naturelle pour eux ; elle qui s'exprime avec le corps et fait appel à l'image, au sens du mouvement, de l'orientation et de la location dans l'espace. Les Sourds comprennent vite le sens d'un message signé et n'ont nullement besoin d'en entendre la version parlée. La langue des signes, c'est un « don de Dieu », comme le disait admirablement, en 1913, George Veidtz, alors président du National Association of the Deaf (NAD). Grâce à elle, les Sourds acquièrent une meilleure confiance en eux-mêmes et se sentent égaux aux entendants, peu importe qu'on les dise handicapés. C'est lorsque j'ai réalisé à quel point il était absurde de nous considérer comme des êtres imparfaits ayant besoin d'être soignés ou corrigés que ma vie a changé. Donc, à l'instar de Ferdinand Berthier à son époque, j'ai décidé de combattre toutes les politiques qui touchent les personnes sourdes sans les inclure dans les processus décisionnels. Je n'ai rien à perdre. C'est ma mission et ma vocation.

C'est donc à l'âge de 33 ans que je découvre enfin mon orientation, c'est-à-dire servir et répondre aux besoins des personnes sourdes dans tous les domaines – langue des signes, éducation, implantation de services communautaires, amélioration de la relation entre les entendants et les Sourds, accessibilité à l'information, services d'interprétation, etc. Mais je m'aperçois rapidement que ce n'est pas facile : il faut travailler fort, il n'y a à peu près pas d'argent disponible dans les divers organismes pour aider les personnes sourdes en difficulté, et on ne reconnaît pas notre droit à la différence. De plus, il est difficile de les rassembler en raison de leur manque de confiance en eux, de l'absence de leadership et du trop peu d'information circulant dans la communauté, sans parler de la pauvreté de leur éducation ni des interminables et redondantes disputes qui les divisent. Cela m'a un peu découragé au départ, mais j'ai longuement réfléchi à cette problématique, puis je me suis résolu à persister dans cette voie qui, quoique peu lucrative, est ma raison de vivre. Le choix n'a pas été facile entre cette cause et un emploi sans trop de responsabilités, de 9 à 5, cinq jours par semaine, qui m'aurait sans doute assuré confort et divertissement mais ne m'aurait pas apporté le bonheur profond et la paix intérieure. J'ai choisi la première option, en écoutant mon cœur et ma passion. Plusieurs ont critiqué ce choix qu'ils trouvaient ridicule. Peut-être avaient-ils raison de rechercher la facilité et la sécurité, et c'était d'ailleurs leur droit. J'ai moi-même été angoissé par la perspective de manquer d'argent, mais il en est toujours arrivé au moment où j'en avais besoin... Peut-être ai-je été chanceux ?

Depuis plus de 15 ans, j'ai participé activement aux travaux de divers organismes et associations comme l'AAPA, devenu le Centre de la Communauté Sourde du Montréal Métropolitain (CCSMM), la Société Culturelle Québécoise des Sourds (SCQS), le Centre québécois de la déficience auditive (CQDA) et l'Association des Sourds du Canada (ASC). Entre 1993 et 1995, j'ai été président de la SCQS. En 1998, j'ai été responsable, pour le CQDA, du comité des sages sur la langue et l'éducation. En outre, j'ai représenté le Québec comme directeur au sein du conseil d'administration de l'Association des Sourds du Canada pendant quatre ans. Présentement, je suis chargé de cours au cégep du Vieux Montréal où j'enseigne la culture sourde et l'histoire des Sourds depuis huit ans. J'enseigne aussi aux Sourds dans différentes institutions ou organismes. J'ai également été président national du comité scientifique sur les relations communautaires pour le 14e Congrès mondial des Sourds 2003. J'ai aussi écrit des articles qui ont paru dans deux livres, et plusieurs éditoriaux pour la revue Voir Dire, une publication bimensuelle destinée aux personnes sourdes.

Ici commence la deuxième partie de mon récit. J'en ai vues des choses en trente ans, et particulièrement au cours des 15 dernières années où, comme je viens de le mentionner, j'ai été plus impliqué dans la vie associative. Aussi, j'ai pu participer à plusieurs débats entre des Sourds et des entendants. En faisant le bilan de ces expériences, je note deux améliorations significatives : les nouvelles technologies relatives à la surdité – l'ATS, le sous-titrage, etc. – et un changement d'attitude à l'égard de la langue des signes. Je constate en effet que de plus en plus d'entendants croient en la langue des signes, notamment grâce à l'implication croissante des linguistes. Il reste néanmoins beaucoup à faire. En matière d'éducation, la Suède est un chef de file dont on devrait s'inspirer. Ayant visité ce pays à deux reprises, je peux en témoigner. La Suède a non seulement été le premier pays à reconnaître la langue des signes comme langue officielle d'éducation, mais on continue d'y privilégier le regroupement des élèves sourds dans des écoles conçues pour eux. Le pays compte pas moins de huit écoles réservées exclusivement aux élèves sourds gestuels. Liisa Kauppinen, présidente de la Fédération mondiale des Sourds, de passage à Montréal au printemps 2002, mentionnait que la Suède et la Finlande sont les deux seuls pays au monde qui ne préconisent pas la politique de l'intégration des élèves sourds dans les écoles régulières. Ils encouragent plutôt les élèves à développer d'abord leur compétence en langue des signes, pour ensuite apprendre la langue du pays comme langue seconde. C'est la même chose dans le secteur des services sociaux, comme j'ai pu le vérifier de mes yeux dans la ville de Malmo : tous les employés, sans exception, des institutions œuvrant dans le domaine de la surdité – comme l'Institut Raymond-Dewar chez nous –, doivent apprendre la langue des signes ; de plus, on favorise l'embauche de personnes sourdes afin d'assurer une meilleure compréhension des besoins de la clientèle et une communication optimale avec celle-ci. Là-bas, on ne focalise pas sur l'aspect médical de la surdité.

Au cours de mes expériences comme négociateur, tant dans la vie associative que dans le milieu du travail, j'ai vu la cause progresser à pas de tortue. Les décideurs ne partagent sûrement pas mon point de vue, mais, que voulez-vous, ils sont majoritaires, *normaux*, et ils croient travailler pour notre bien. Ils se disent d'ailleurs très satisfaits des améliorations qu'ils constatent, mais je ne vois pas les choses du même œil. Au contraire, je considère que nos besoins ne sont pas réellement pris en compte, et que malgré nos constantes revendications, nous n'avons obtenu, jusqu'à ce jour, que des miettes. Il en va de même pour la politique d'intégration qui, 25 ans après son implantation, continue de causer des dommages et de créer des divisions au sein de notre communauté. En effet, on remarque trois principales sources de conflit entre les Sourds gestuels et les autres groupes des personnes sourdes, soit les devenus-sourds, les malentendants et les oralistes. Je m'explique : premièrement, au terme de ce qui précède, il importe que l'on comprenne bien que s'il y a différents degrés et formes de surdité, il y a forcément différentes catégories de personnes sourdes. Cet état de fait crée une dynamique particulière au sein de la communauté et est à l'origine de vigoureux débats. Dans les années 90, à l'ère du *politically correct*, le terme « sourd-muet » a cédé la place à celui de « malentendant ». Ce dernier terme, quoique moins discriminatoire que son prédécesseur, n'en est pas moins erroné lorsqu'il est utilisé pour désigner des personnes sourdes profondes. Car les personnes vivant avec une surdité (PVAS) n'ont pas toutes le même mode de vie. En effet, un sourd profond de naissance, qui n'a aucune idée de ce qu'est entendre, ne vit pas les mêmes expériences qu'un malentendant qui jouit de restes auditifs ou qu'un devenu-sourd qui a déjà vécu, parfois très longtemps, dans la culture entendante. On ne peut pas demander à ces malentendants ou devenus-sourds d'apprendre la langue des signes ou d'affirmer leur culture sourde. Ces individus vivent entre les deux mondes. Ils cherchent plutôt les adaptations leur permettant de mieux s'intégrer dans la société. Les Sourds gestuels, eux, ont des besoins fort différents. Je ne crois pas qu'on doive mettre tous ces gens dans le même panier, c'est-à-dire qu'ils soient regroupés au sein d'un seul organisme, en l'occurrence le CQDA. Je sais que ce n'est pas le choix du CQDA, que ce sont nos gouvernements qui le veulent ainsi. Mais, à mon avis, il ne fait pas de doute que la communauté est scindée en deux groupes distincts. Pourquoi ne pas adopter la politique du Canada anglais et des États-Unis où ce fait est reconnu ? Au Canada anglais, on admet d'emblée que les devenus-sourds et les malentendants sont différents des sourds de naissance, oralistes ou gestuels, et deux organismes distincts travaillent à répondre aux besoins respectifs de chacun des deux groupes. Pour le moment, les besoins et les droits des Sourds québécois sont banalisés et négligés au profit des membres, beaucoup plus nombreux – et comprenant des entendants –, des autres catégories de PVAS relevant du CQDA. Et si nous, les gestuels, sommes minoritaires dans le monde même de la surdité, nous le sommes beaucoup plus lorsque nous devons faire notre place dans le milieu associatif des personnes handicapées. Il faut donc considérer distinctement ceux qui ont déjà, et ceux qui n'ont jamais entendu ; cela renforcerait les deux groupes, permettant à chacun de se concentrer sur ses propres objectifs. Si la situation actuelle perdure, tôt ou tard les Sourds n'auront d'autre choix que de se retirer de l'organisme s'ils veulent prendre les commandes de leur destinée.

Deuxièmement, en ce qui concerne les organismes et associations de Sourds, nous aurions des leçons à tirer de la Fédération mondiale des Sourds (FMS), du National Association of the Deaf (NAD) et de l'Association des Sourds du Canada (ASC) qui semblent progresser mieux que nous. Leurs conseils d'administration sont composés exclusivement de personnes sourdes, car c'est à elles que les décisions doivent appartenir. Bien entendu, des entendants peuvent participer à des comités, ou encore travailler comme consultants, mais les Sourds doivent pouvoir exprimer leur pensée profonde sans être influencés par l'attitude ou la mentalité de personnes ne partageant pas leur vécu. Trop souvent j'ai vu, au cours de réunions *mixtes*, les Sourds accepter les arguments des entendants sans discuter, à cause de ce complexe d'infériorité qui les porte à croire que ces derniers ont toujours raison. Par surcroît, leur pouvoir de négociation est considérablement réduit par des désaccords internes qui les empêchent d'unir leurs forces pour tenir un discours fort et solidaire. Il en résulte qu'ils assistent impuissants à l'adoption de résolutions mises de l'avant par des entendants, et qui vont souvent à l'encontre de leurs réels intérêts. Pourtant, entre Sourds, ils expriment haut et fort leurs revendications, mais ils redeviennent soumis et dociles dès que des entendants participent aux débats. Cela me frustre énormément.

Il y a donc un manque flagrant de cohésion et de leadership dans la communauté sourde, et c'est mon troisième et dernier point. En effet, les décideurs entendants nous divisent et le contact est rompu entre nous par la politique d'intégration. En outre, nous avons des points de vue tellement différents les uns des autres que notre communauté est devenue une véritable tour de Babel, à tel point que nous ne savons plus comment nous y prendre pour la rassembler et l'unifier. Cette situation nous cause un tort énorme. Je suis convaincu que nous trouverons la solution un jour; mais, pour ce faire, il faut que nous comprenions bien le problème, que nous l'acceptions et que nous reconstruisions notre communauté à l'aide du souffle positif de la nouvelle génération. Nous devons d'abord faire preuve de solidarité si nous voulons que nos revendications soient prises au sérieux par les instances gouvernementales. C'est une condition *sine qua non*.

Voilà pourquoi nous assistons à un « exode des cerveaux » sourds. En effet, au cours des dernières années, la communauté sourde gestuelle du Québec a vu pas moins d'une trentaine de ses membres – dont la moitié comptait parmi les leaders – s'exiler au Canada anglais et aux États-Unis, invoquant le fait qu'il n'y a pas d'avenir pour les personnes sourdes gestuelles au Québec. Et malheureusement, on n'a pas encore compris. J'aurais pu partir aussi, mais j'aime trop la langue française et j'ai toujours espoir de voir un jour la langue des signes et les services communautaires pour les Sourds prendre la place qui leur revient, chez nous !

Pour l'instant, la législation est presque inexistante en ce qui concerne les besoins spécifiques des sourds gestuels, et il n'y a pas grand-chose non plus pour les PVAS. Le problème, c'est que toutes ces personnes au vécu et aux besoins si variés sont regroupées sous le vocable trop *globalisant* de « personnes handicapées ». Il y a pourtant entre 8 000 et 10 000 « gestuels » au Québec. Ils forment une communauté distincte qui a des besoins « spécifiques ». C'est pour que ce fait soit admis et reconnu que je me bats. Mais les ressources se font attendre. Les gouvernements se doivent de légiférer tant au niveau du milieu scolaire, des entreprises et des fonctions publiques que dans le domaine de la santé, physique et mentale, afin de permettre aux Sourds de vivre normalement, comme tout le monde. Malheureusement, le gouvernement québécois n'a pas encore compris l'ampleur des obstacles que doivent surmonter les personnes sourdes et il nous considère encore comme des « cas légers », mais c'est une erreur. Les préjugés sociaux à l'égard des Sourds sont tenaces, et sans une législation claire, il nous sera toujours impossible de faire valoir notre point de vue auprès de la majorité entendante. Charles Darwin disait que nous vivions dans une jungle où le plus fort élimine le plus faible, et c'est encore une réalité aujourd'hui. Donc, sans une réelle volonté politique de changer les choses, les Sourds, comme les autres personnes handicapées, sont foutus. Le gouvernement doit trouver l'équilibre entre nos besoins et nos droits, et ceux des entendants. Il doit enfin voter des lois qui nous permettront de prendre notre destinée en main.

Le linguiste français Christian Cuxac[60] disait, avec raison, que depuis le Congrès de Milan, on pouvait percevoir deux sociétés : « "nous" et "eux" », et que la culture sourde était en quelque sorte confrontée à une contre-culture entendante. J'aimerais donc, en terminant, vous expliquer pourquoi nous, les Sourds, utilisons le terme « entendant » pour désigner les gens dits *normaux*. C'est parce que ces derniers nous ont catégorisés comme des « sourds-muets », qui emploient un « langage » de signes. Ce sont là deux termes que nous n'apprécions pas, puisque, d'une part, notre corps peut parfaitement exprimer toutes nos pensées, concrètes et abstraites, nous ne sommes donc pas « muets ». D'autre part, notre « langage » est en fait une véritable langue, aussi riche, subtile et complexe que toute langue orale, une langue à part entière qui possède ses propres règles de grammaire, sa propre syntaxe, ses signes de ponctuation, etc. Nous sommes donc des SOURDS, et nous nous

60. Christian, C. « La fin d'un monde ? » dans *Santé mentale : L'œil écoute*, n° 85, avril 1985.

exprimons au moyen d'une LANGUE. Tant et aussi longtemps que ces faits ne seront pas reconnus, les Sourds continueront d'utiliser le terme « entendant ». Mais lorsque les préjugés et la discrimination auront disparu et qu'on cessera de nous imposer un mode de vie qui ne nous convient pas, il n'y aura plus de « Sourds » ni d'« entendants », il y aura simplement des personnes – que la nature a voulues différentes – qui vivront solidairement, dans une même collectivité, et qui, *dans le respect de cette différence*, travailleront conjointement à bâtir un monde meilleur.

En guise de conclusion

Si vous ne connaissez pas le monde des Sourds, vous vous sentez peut-être déstabilisé par l'histoire que vous venez de lire. Jules Desrosiers est sourd profond, il est né dans une famille de Sourds, et sa culture s'est forgée au contact de ses pairs. Au fond, il revendique le droit à la différence. A-t-il vraiment le choix de vivre autrement ? Il désire obtenir des services de qualité, et voir implanter des lois qui favorisent l'accès à la communication, et, par le fait même, à l'information. Il revendique la reconnaissance de la LSQ de la part du gouvernement qui nous dirige et le droit de pouvoir travailler et gagner honorablement sa vie tout en participant pleinement à la vie démocratique de l'ensemble des acteurs sociaux.

Le plaidoyer de Jules Desrosiers est également un discours teinté de souffrance. Il doit constamment affronter les préjugés et se battre pour prendre une place, pour prendre *sa* place. Essayons quelques instants de nous mettre dans sa peau. Que ferions-nous ? Abdiquer ou combattre ? La révolte qui naît des injustices sociales permet souvent de défaire les liens de l'asservissement, de clamer haut et fort ce que l'on ressent de l'intérieur. Travailler à transformer l'ordre des choses dans les institutions qui nous gouvernent, sensibiliser une majorité ignorante et fermée aux besoins criants de sa communauté, telle est la mission que s'est donnée Jules Desrosiers, celle de nous faire accepter que des gens puissent vivre parmi nous en utilisant un mode de communication étranger au nôtre, mais en parfait accord avec leurs spécificités physiologique et culturelle.

Le but initial de ce livre était d'exposer un éventail d'histoires de personnes vivant de différentes manières avec leur surdité. Vous constaterez que nous n'avons pas abordé le phénomène de perte auditive liée au vieillissement et à la pollution par le bruit. Cette palette d'histoires de sourds présentait plutôt le monde – hétéroclite, comme vous l'avez remarqué – de la *véritable* surdité, incluant quelques portraits de personnes entendantes impliquées dans le quotidien si particulier de la communauté sourde. Toutefois, ce livre n'aurait pu se terminer sans une dernière histoire, celle d'un ami avec lequel je partage une belle complicité.

Le Sourd parlant

Un jour que nous devions tous les deux participer à une réunion qui avait lieu dans la capitale nationale, mon ami Gilles Boucher et moi avons décidé de covoiturer depuis Montréal, question de rendre le trajet moins ennuyant et plus agréable.

En fait, Gilles Boucher est une personne sourde ... qui parle. Sur l'autoroute qui nous menait à Québec, il conduisait d'une main, me regardant de temps à autre afin de pouvoir lire sur mes lèvres ou saisir les quelques signes que j'utilisais pour converser. En fait, c'était la deuxième fois que je voyageais en compagnie d'un sourd au volant de son véhicule. La fois précédente, l'ami sourd en question conduisait et signait en même temps. Affolée, j'étais convaincue qu'on allait avoir un accident. Comment pouvait-il conduire et signer en même temps ? La réponse est simple : les Sourds compensent amplement leur déficit auditif par une acuité visuelle hors du commun ; ils ont, pour ainsi dire, des yeux tout le tour de la tête ! Mais j'avoue que cette fois, j'avais eu peur, et une fois la voiture stationnée, lorsque je lui ai avoué ma frousse, mon *chauffeur-signeur* a bien rigolé, nullement surpris par cette réaction de la part d'une passagère entendante.

Donc, en cette journée fébrile d'élections provinciales, Gilles et moi étions en route pour Québec. Évidemment, il n'y avait pas de fond sonore pour meubler les passages à vide pendant lesquels notre tandem était silencieux. Depuis un certain moment déjà, je me demandais si Gilles allait s'offusquer que je lui demande la permission d'écouter le bulletin de nouvelles à la radio. Je me sentais impolie. Il a bien ri de mon malaise, même s'il souffre de ne pas pouvoir capter les dernières informations en même temps que tout le monde, et de devoir parfois attendre jusqu'à la sortie du journal, le lendemain matin – il travaille le soir à *La Presse*, à l'infographie et à la pagination –, ou encore, les soirs de congé, la présentation du téléjournal de fin de soirée qu'il regarde à l'aide de son décodeur. Mais lorsqu'il est seul sur la route, il lui est impossible de parler au téléphone, d'écouter un match de baseball ou une programmation musicale pour tromper l'ennui. Il n'a que le rêve pour s'évader de son monde de silence.

Le 25 février 1960, à l'âge de dix ans, Gilles Boucher tombe dans le coma. Ce matin-là, il se sent fatigué et fiévreux, mais il ne veut pas rater son examen. Il revient pourtant à la maison en fin d'avant-midi, enfile un pyjama et, tremblant, vient s'asseoir à la table de la cuisine en compagnie de ses deux frères, de sa sœur et de ses parents. Ce sera la dernière fois qu'il entendra le son de leur voix. La méningite fignole son œuvre dévastatrice. Le lendemain matin, il ne répond pas lorsque sa sœur l'appelle. Crispé dans son lit, il est déjà dans un état comateux. Alerté, son père, qui travaille dans un magasin au Témiscamingue, revient précipitamment à la maison. Le médecin est appelé sur les lieux; peine perdue, il faut d'urgence l'hospitaliser. Le nerf auditif est atteint, Gilles est sourd. Deux mois plus tard, de retour chez lui, il voit des lèvres bouger mais il n'entend plus rien. C'est la panique. Une dépression sévère s'ensuit. Ses amis ne l'appellent plus pour jouer à la balle ou au hockey, ils l'ont tous abandonné puisqu'ils ne peuvent plus communiquer avec lui. Complètement isolé du reste du monde, il s'accroche à la pensée magique: se pourrait-il qu'un jour il se réveille et entende comme autrefois?

À l'école du village, on ne peut plus le garder. À cette époque, le système d'intégration scolaire n'existait pas encore, et les personnes handicapées étaient institutionnalisées. Gilles se retrouve donc à l'Institut des Sourds de Montréal, déraciné, loin de son habitat naturel. Dans sa tête d'enfant, il s'imagine que ses parents ne l'aiment plus, qu'ils se débarrassent de lui. Qui plus est, il se retrouve au milieu de personnes qui gesticulent sans cesse des bizarreries dont il se moque éperdument. Il écrit des lettres de révolte à ses parents, les accuse d'abandon. Devant le désarroi de son fils, le père de Gilles quitte son emploi au Témiscamingue, trouve un travail à St-Jérôme, près de l'Institut des Sourds, et la famille déménage. Aujourd'hui, il se rend compte de l'immense amour que ses parents avaient pour lui. Ils ont quitté leur milieu de vie et leurs amis pour son bonheur et ils ont dû se refaire une place au soleil dans un coin de pays étranger.

Un jour, alors que Gilles pique une colère, un professeur – qui le marquera à tout jamais – lui dit d'arrêter de chialer et de se moquer des sourds gestuels. Il lui fait comprendre qu'il lui sera dorénavant impossible d'entendre, mais qu'il doit se considérer chanceux dans sa malchance : « Regarde les autres, ils tentent d'écrire tant bien que mal ce qu'ils voient. Toi, tu es à peu près le seul au collège à savoir lire et écrire, et, en plus, tu as une très belle voix. Applique-toi donc à aider les autres ! ». Encouragé, il décide que, pour le reste de sa vie, il travaillera avec et pour les sourds. Il apprend le langage signé à la perfection, et, petit à petit, il se fait un cercle d'amis chez les sourds gestuels. Devenu adulte, il s'impliquera dans de multiples associations pour personnes sourdes. Depuis sept ans, il préside aux destinées du Centre québécois de la déficience auditive[61] et le hasard de la vie a voulu que le premier président de cet organisme provincial soit Jacques Deslauriers, *le* professeur qui lui avait autrefois indiqué le chemin à suivre. Quelle fierté pour Gilles Boucher de constater qu'aujourd'hui, il suit les traces de son mentor.

Gilles a épousé une sourde de naissance, une sourde gestuelle. Ils ont trois enfants entendants qui signent parfaitement. La LSQ est leur langue maternelle puisque Gilles et son

---

61. Voir l'histoire : *Un anthropologue au pays des sourds*.

épouse ont toujours signé à la maison. Leur petit-fils apprend déjà cette merveilleuse langue, naturellement, au gré de ses rencontres avec ses grands-parents. Gilles se souvient d'une période où l'un de ses fils, adolescent, était mal à l'aise de signer avec son père en public : avec des amis rencontrés au hasard, on remisait les signes, la parole était la seule voie possible. Son fils devenait conscient du fait que ses parents n'étaient pas comme les autres. La différence fait peur ! Mais, comme l'espérait Gilles, ce malaise ne dura pas, car, ce qui compte avant tout pour des enfants – que les parents soient sourds ou entendants –, c'est la constance dans l'amour, dans l'accompagnement au quotidien, et dans ce domaine, les enfants de Gilles ont toujours vécu dans l'abondance.

Gilles Boucher se réveille tous les matins dans le silence le plus total. Il n'a jamais eu besoin de réveille-matin, mais sa femme utilise un appareil qui vibre sous le matelas pour la réveiller, alors que d'autres personnes sourdes utilisent un réveil muni d'un avertisseur lumineux. Au lever, Gilles observe par la fenêtre le temps qu'il fait et vérifie s'il a des messages sur son répondeur. Il retourne ses appels en utilisant son téléscripteur (ATS) si l'interlocuteur possède un appareil similaire. Il compose le numéro indiqué sur son répondeur et les deux correspondants peuvent alors actionner l'appareil muni d'un clavier et d'un écran. Les mots se succèdent sur l'écran pour former un tout, à l'image d'un clavardage sur Internet. Si son interlocuteur est une personne entendante, il peut également utiliser le système PSI, c'est-à-dire *Parler sans intervention*. Le téléphoniste du SRB (Service relais Bell) utilise alors son ATS pour lui transmettre le message de son interlocuteur entendant, et, quand ce dernier lui cède la parole, Gilles décroche le combiné et parle. Lorsqu'il a terminé son tour de parole, il dit simplement « allez-y » et replace le combiné sur l'ATS, puis il lit la réponse de son correspondant, poursuit la conversation verbalement, et ainsi de suite. Cependant, une personne sourde gestuelle qui désire communiquer avec une personne entendante qui ne possède pas d'appareil ATS doit nécessairement passer par le SRB. Un téléphoniste retranscrit la communication orale à la personne sourde et cette dernière transmet son message en utilisant son clavier ATS. La venue d'Internet a également facilité l'accès à la communication pour les personnes sourdes – tout comme pour les personnes entendantes, d'ailleurs – en leur permettant d'échanger sans intermédiaire. C'est un outil de communication que Gilles utilise quotidiennement.

Dans le cadre de son travail de président du Centre québécois de la déficience auditive (CQDA), Gilles a fréquemment recours à la méthode PSI, plus rapide et précise. Il a souvent ressenti de l'impatience ou un malaise chez ses interlocuteurs entendants lors de conversations via le SRB où la présence d'un interprète téléphonique est nécessaire. Mais malgré les inconvénients qu'il présente, ce service offert par *Bell* demeure indispensable aux personnes sourdes.

Les nouvelles technologies destinées aux personnes sourdes se développent et se répandent de plus en plus, notamment le téléphone sans fil muni d'un clavier qui permet de transmettre de courts textes, le vidéophone pourvu d'une mini caméra qui offre la possibilité à la personne sourde de signer directement son message, ainsi que la vidéoconférence. Les recherches dans ce domaine sont vitales pour offrir à la communauté sourde toute une gamme de possibilités de communiquer à distance. Soulignons aussi la belle initiative de la

Société canadienne de l'ouïe qui vient de mettre sur pied le premier site Internet entièrement réalisé en ASL.

Dans sa vie de tous les jours, par exemple lorsqu'il sort pour faire ses courses, Gilles n'a aucun problème de communication. Il avise ceux qu'il croise du fait qu'il est sourd et leur demande de parler lentement. D'autres sourds, pour leur part, préfèrent écrire sur un bout de papier ce qu'ils désirent, car, évidemment, on n'a pas d'interprète pour aller à la banque, chez le cordonnier, etc. Pourtant, malgré sa débrouillardise, Gilles se heurte parfois à des obstacles. En effet, une personne entendante qui n'a jamais communiqué avec un sourd ou une sourde ne peut s'imaginer que la personne en face d'elle, apte à lui parler, requiert une attention particulière. Malheureusement, le mythe perdure : une personne capable de parler est également capable de *comprendre* ! On est porté à penser qu'une personne sourde qui parle n'est pas si sourde que cela ; pourtant, Gilles, même s'il parle comme vous et moi, est *totalement* sourd. Certaines personnes vont même jusqu'à lui dire : « Tu possèdes tes deux bras, tes deux jambes, tu parles et en plus tu exiges des services ? ». Ils ne comprennent pas qu'il doit faire des efforts considérables pour surmonter ses difficultés de communication et que, quelquefois, il n'a d'autre choix que de s'en remettre aux autres. En tête à tête, il peut converser aisément, mais au milieu d'un groupe, il est complètement démuni. Il ne peut tout de même pas suivre trois ou quatre paires de lèvres en même temps ! Quand on est entendant, nos oreilles nous indiquent d'où provient le son à l'instant précis où il se produit. Est-ce la personne derrière, devant, ou celle sur le côté qui parle ? Mais pour Gilles, c'est une donnée inaccessible, il a donc absolument besoin d'un interprète pour suivre les conversations lors de réunions importantes. Aux assemblées du CQDA, il y a toujours deux interprètes : un oraliste et un gestuel. En tant que sourd gestuel, Gilles s'exprime naturellement en signes, mais en compagnie des entendants, il utilise la voix. Cela dit, même le meilleur des interprètes ne remplacera jamais l'ouïe. Lors de conférences de chefs de partis politiques, par exemple, le politicien expose le regard qu'il porte sur la société et les raisons pour lesquelles nous devrions adhérer à ses concepts. Toutefois, les yeux de la personne sourde sont entièrement tournés vers l'interprète, et l'émotion, les nuances vocales qui trahissent la nervosité ou expriment l'arrogance, toutes ces subtilités vocales qui peuvent se faufiler, lors d'un discours, dans la voix du personnage public, ne sont pas perçues par la personne sourde. Seule l'ouïe offre tout ce spectre. La crédibilité émotionnelle de l'orateur échappe donc à la personne sourde. Les yeux constamment rivés sur l'interprète, même si le message est bien transmis, la personne sourde ne peut capter tous ces détails qui ont leur importance. À ce propos, Gilles se rappelle un incident majeur survenu lors de l'événement soulignant le vingt-cinquième anniversaire du CQDA. Le Lieutenant-gouverneur du Québec, madame Lise Thibault, prononçait un discours. Lorsqu'elle fit mention des nouvelles technologies pour améliorer la qualité de vie des personnes sourdes au quotidien, l'interprète gestuel utilisa le signe représentant l'implant cochléaire. Peu après, plusieurs lettres de protestation arrivèrent au siège social du CQDA. Gilles fut dans l'obligation d'avoir recours à un technicien spécialisé dans le domaine du sous-titrage. Il exigea que chaque mot du discours soit reproduit littéralement. Jamais au cours de son allocution, madame Thibault n'avait prononcé le terme « implant cochléaire » : cette femme, elle-même handicapée, – par surcroît, elle a déjà été présidente de l'Office des personnes handicapées du Québec –, connaît bien ce dossier...

L'interprète avait fait l'erreur d'utiliser le signe correspondant à l'implant cochléaire pour désigner l'ensemble des nouvelles technologies en matière d'aide auditive. Or, une majorité de Sourds étant farouchement opposés à cette intervention particulière, il va sans dire que les propos de madame Thibault avaient soulevé l'ire de plusieurs. Il faut comprendre que les personnes sourdes de naissance et celles qui le sont devenues après l'acquisition du langage oral jugent certaines situations différemment. La personne sourde de naissance développe un moyen de communication uniquement basé sur la perception visuelle: les mains qui parlent et les yeux qui écoutent. La femme de Gilles étant sourde de naissance, celui-ci connaît bien l'univers des Sourds. Lui qui a vécu dans les deux mondes sait ce que c'est que d'avoir perdu l'ouïe... depuis quarante-trois ans. Pour se forger une opinion sur un sujet donné, il lui arrive de temps à autre de se retirer et de se replonger dans sa peau d'entendant pour réfléchir et analyser la situation. La culture entendante acquise avant la surdité ne se perd pas. Aussi, Gilles souffre de ne pouvoir entendre la musique, tout comme les paroles prononcées par son petit-fils d'un an et demi, très volubile, qui n'est pas encore conscient de la surdité de son grand-père. Heureusement, son apprentissage des signes assurera le plein épanouissement de cette si précieuse relation.

Cela dit, Gilles Boucher se considère comme une personne handicapée. Même s'il peut parler, il ne peut pas converser normalement avec les membres de la majorité entendante, et plusieurs informations lui échappent. Ce sont là des situations qui stigmatisent la personne sourde de l'intérieur.

« Il n'y a pas encore de sous-titrage dans les véhicules automobiles pour les personnes sourdes », dit-il en ricanant.

Pour obtenir des renseignements, il doit demander à droite et à gauche. Au milieu de personnes entendantes, il intervient très peu ou n'ose pas participer. Il est souvent en retard sur les autres dans le développement du sujet et il craint qu'on se moque de lui s'il dit quelque chose qui n'a aucun rapport avec la conversation. Et puis, les gens sont carrément impatients. Un sourd, c'est embarrassant : il faut répéter, prendre du temps, se forcer pour articuler, parler moins vite, encore répéter... Sur le plan de l'employabilité, cela rend la situation très difficile. Un employeur ne sera pas porté à embaucher une personne qui se présente avec son interprète lors de la rencontre de recrutement. Pourtant, une personne sourde, dans certaines tâches, peut s'avérer plus efficace qu'un employé dit *normal* : elle ne parle pas, n'écoute pas la radio et se concentre plus facilement sur son travail. À ce sujet, Gilles se souvient de l'été de ses seize ans : il désirait obtenir un emploi dans une imprimerie de St-Jérôme. Lorsque le contremaître apprend qu'il poursuivra ses études en septembre à l'École d'imprimerie de l'Institut des Sourds, il lui refuse le boulot. Entêté, Gilles lui signale qu'il connaît une personne sourde qui travaille au département de typographie et le persuade qu'il peut faire aussi bien que cette dernière. Même s'il a dû se battre pour obtenir le poste, sa voix et son élocution parfaites ont tout de même joué en sa faveur. Pour les personnes sourdes qui sont incapables de s'exprimer verbalement, c'est beaucoup plus difficile : les préjugés sont tenaces et les employeurs sont plus réticents. Il faut alors être très convaincant pour se faire embaucher, et les obstacles sont parfois insurmontables parce que la *différence* dérange tellement ! Si seulement les employeurs faisaient preuve d'un peu d'ouverture et donnaient une vraie chance aux candidats sourds, ils se rendraient compte qu'au-delà du handicap auditif, les Sourds sont en tout point pareils aux entendants, et le taux de chômage qui affecte la communauté sourde serait moins astronomique...

Arrivés à Québec, nous nous rendons à l'hôtel de mon choix. Gilles doit se trouver une chambre ailleurs, car celles de mon hôtel ne sont pas munies de décodeurs, un *must* en cette soirée d'élections ! – Heureusement, depuis 1994, une loi oblige les fabricants à pourvoir tous les nouveaux téléviseurs de cet accessoire indispensable aux personnes sourdes ou malentendantes –. Un peu plus tard, nous nous sommes retrouvés pour dîner. Je lui ai demandé de ne pas utiliser la voix durant le repas. Même si je ne suis pas une très bonne signeuse, je me dis qu'avec beaucoup de pratique, je vais réussir à apprendre cette splendide langue où mes mains s'envolent comme celles d'un chef d'orchestre et où mon regard fixe la profondeur des yeux de l'autre. Pendant que je signais, je me suis étonnée de constater que le fond musical m'agaçait, que le bruit des conversations des autres dîneurs, la manipulation de la vaisselle et les sonneries des téléphones portables me dérangeaient... et pendant quelques instants, je me suis mise à réfléchir à ce que serait ma vie si j'étais dans la peau d'une femme sourde.

Au moment où je termine l'écriture de ce livre, les notes de *Cosi fan tutte*, de Mozart, défilent, transportées par une belle voix de soprano qui résonne dans toute la maison. Cette musique m'apaise, me remplit de joie. Le printemps est enfin à nos portes. Par la fenêtre ouverte, j'entends les oiseaux qui accompagnent Cecilia Bartoli. Les larmes aux yeux, je pense à tout ce que Gilles a perdu, à ce qu'il ne peut plus entendre, mais aussi à tout ce qu'il a acquis de manifestement beau dans la vie et que plusieurs entendants n'auront jamais : des valeurs morales, un engagement social où son rôle consiste à ériger un pont entre le monde des sourds et celui des entendants.

Lexique

Alphabet dactylologique

Alphabet manuel qui permet l'épellation de mots par l'attribution à chaque lettre d'une configuration déterminée de la main.

Bilinguisme

Pédagogie qui s'appuie sur la langue des signes considérée comme première langue des sourds. Le langage parlé et écrit est alors enseigné comme deuxième langue. Cependant, ce terme fait actuellement l'objet de différentes acceptions. Pour certains, il désigne langue signée et langue parlée. Pour d'autres, langue signée et langue écrite.

Cochlée

Partie de l'oreille interne où les vibrations sonores sont transformées en influx nerveux.

Communication totale (ou *total communication*, en anglais)

Approche qui favorise le développement et le maintien de la communication sous plusieurs formes : le mode gestuel en utilisant le français (ou l'anglais) signé, l'épellation manuelle, le mime ou la pantomime, le langage oral avec amplification et audition résiduelle, la lecture labiale, le langage parlé complété et le non oral, c'est-à-dire les images et dessins. C'est un moyen de communication simultanée qui utilise la langue orale et le français (l'anglais) signé, rarement la LSQ (ou l'ASL).

Français (ou anglais) signé

Code inventé dans le but d'enseigner le français aux enfants sourds au moyen de signes qui associent le lexique de la langue des signes à la syntaxe de la langue française (ou anglaise) sur la base d'un signe, un mot. Ce sont la phonétique et l'orthographe, et non le sens, qui guident le choix du signe.

Démutisateur

Désigne la première personne qui, dans un cadre éducatif, enseigne le langage oral aux enfants sourds.

Implant cochléaire

Dispositif médical électronique destiné à restaurer l'audition et implanté dans la partie interne de l'os temporal.

Journal silencieux

Presse écrite éditée par et pour la communauté sourde.

LSQ

Langue des signes québécoise. C'est une langue visuogestuelle composée de signes codés selon une grammaire et une syntaxe visuo-spatiale. L'ASL est, pour sa part, la langue des signes utilisée en général par les communautés sourdes anglophones nord-américaines.

Langage parlé complété

Code manuel qui différencie les sosies labiaux et qui est utilisé en accompagnement de signes vocaux offrant une aide à la lecture labiale. Techniquement, il consiste à associer à chaque phonème prononcé un geste complémentaire de la main à côté de la bouche et vise le message oral.

Langue gestuelle (langage gestuel)

Dite aussi langue signée ou langue des signes. Elle se compose de signes codés utilisés par les Sourds.

Langue maternelle

Selon la définition du dictionnaire *Robert*, il s'agit de "la première langue qu'a parlée un enfant, souvent celle de la mère". Dans l'étude qui nous intéresse, cette langue peut être signée.

Langue naturelle

Langue développée dans une communauté donnée pour s'exprimer et communiquer. Pour la communauté sourde, la langue des signes est une langue naturelle.

Langue orale (langage oral)

Mode d'expression et de communication qui fait appel à la parole, aux signes vocaux.

Lecture labiale

Lecture sur les lèvres des mots prononcés oralement.

Oralisme

Approche qui vise le développement et le maintien de la communication orale en utilisant l'audition résiduelle et l'amplification, la lecture labiale, les gestes naturels et le langage parlé complété.

Otologie

Selon la définition du dictionnaire *Robert*, l'otologie est la "partie de la médecine qui étudie l'oreille (anatomie et pathologie)".

Pidgin

Langue dont la structure grammaticale, le vocabulaire et la gamme stylistique sont appauvris et qui varie d'un individu à l'autre; les pidgins n'ont jamais de locuteur natif.

Signes méthodiques

Ce système artificiel créé par l'abbé de l'Épée consistait à associer aux signes de la langue des signes, d'autres signes exprimant la syntaxe. Il s'agit d'une ancienne version du français signé.

Signeur

Personne qui s'exprime en langue des signes.

Sourd

Par convention, on écrit Sourd avec un S majuscule pour désigner les personnes qui revendiquent leur appartenance à la culture sourde, et sourd avec une minuscule, lorsqu'on aborde les aspects physiologiques de la surdité.

Sourd postlingual

Personne entendante et maîtrisant une langue parlée devenue sourde à la suite d'un accident ou d'une maladie.

Table des matières

Préface. 9

Introduction : Il est de ces histoires de sourds 13

Première partie

L'histoire des sourds ou la guerre entre deux méthodes éducatives 19

Deuxième partie

Des histoires remarquables 57

On ne voit bien qu'avec les yeux du cœur 59

Après la 300e, il a cessé de compter... ses médailles ! 65

Culture et entendement 71

Maître, vous avez la parole. 77

Un anthropologue au pays des Sourds. 83

Silence... On signe !. 89

Un ange m'est apparu 95

Pas facile de changer de pays ! 101
D'une communauté à l'autre 107
Fière de sa langue 113
Il aime le golf. 119
L'empêcheur de tourner en rond. 125

Troisième partie

Le respect de la différence pour bâtir un monde meilleur 133
par Jules Desrosiers

En guise de conclusion 167
Lexique 179